글 이소영

어린이들에게 우리가 사는 세상을 쉽고 재미있게 알려 주는 글을 쓰려고 해요. 멋진 하늘 아래 더불어 사는 우리를 꿈꾸어요. 쓴 책으로는 《행복한 사회공동체 학교》《꼬불꼬불나라의 환경이야기》《꼬불꼬불나라의 언론이야기》《영양 만점 곤충 식당》《미미네 점방으로 놀러 오세요!》 등이 있습니다.

그림 이경석

기발하고 웃음 가득한 그림을 그리고 싶은 만화가이자 일러스트레이터입니다. 만화책 《좀비의 시간》《음식이는 재수 없어》 등을 쓰고 그렸으며, 그린 책으로는 《읽자마자 수수께끼 왕!》《수상한 유튜버 과학탐정》《엄마, e스포츠 좀 할게요!》《퀴즈, 유해 물질!》《정약전과 자산어보》《한밤의 철새통신》《빛난다! 한국사 인물 100》 등이 있습니다.

감수 김문주

현직 상인초등학교 교사이자 EBS 초등 강사입니다. 어린이들에게 하나씩 알아가는 재미, 배움의 즐거움을 느끼게 해 주고 싶어요. 《EBS 라이브 특강》《온라인 개학》 등의 강의를 진행하였으며, 다수의 EBS 초등 과학 콘텐츠 및 교재 개발에 참여하고 있습니다.

과학이 BOOM! 우리 몸

1판 1쇄 발행 2021년 8월 23일
1판 3쇄 발행 2025년 2월 20일

글 이소영 | 그림 이경석 | 감수 김문주

펴낸이 김유열 | 디지털학교교육본부장 유규오 | 출판국장 이상호
교재기획부장 박혜숙 | 교재기획부 장효순

기획·책임편집 전운경 | 디자인 김신애 | 인쇄 애드그린인쇄

펴낸곳 한국교육방송공사(EBS)
출판신고 2001년 1월 8일 제2017-000193호
주소 경기도 고양시 일산동구 한류월드로 281
대표전화 1588-1580 | 이메일 ebsbooks@ebs.co.kr
홈페이지 www.ebs.co.kr

ISBN 978-89-547-5928-1 74400
      978-89-547-5927-4 (세트)

ⓒ 2021, EBS·이소영·이경석

사진 협조
p.57 어린아이 손 ⓒPuwadol Jaturawutthichai | 어른 손 ⓒLuYago

이 책은 저작권법에 따라 보호받는 저작물이므로 무단 전재 및 무단 복제를 금합니다.
파본은 구입처에서 교환해 드리며, 관련 법령에 따라 환불해 드립니다. 제품 훼손 시 환불이 불가능합니다.

1 비고 클럽과 축구부의 미스터리

글 이소영 | 그림 이경석 | 감수 김문주(EBS 초등 강사)

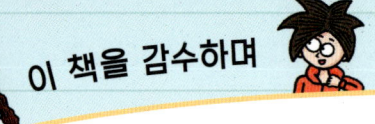

이 책을 감수하며

짜릿한 숨은 과학 찾기

탕! 출발 신호가 들리자마자 온 힘을 다해 달려 결승선에 들어온 순간,

"헉헉, 너무 숨차. 심장이 터질 것 같아."

잠깐! 그런데 왜 운동을 하고 나면 심장이 빨리 뛸까요?

너무 당연한 일이라고만 생각했다고요? 사실 우리 주변에서 쉽게 볼 수 있는 현상 속에는 과학이 숨어 있답니다. 그 숨어 있는 과학을 발견하면 얼마나 신기하고 재미있을까요? 과학이 참 쉽고 가깝게 느껴지지 않을까요?

『과학이 BOOM!』시리즈는 등장인물들이 펼쳐 가는 친숙하면서도 흥미진진한 이야기 속에 과학을 숨겨 두었습니다. 술술 책을 읽으면서 '어! 나도 그런 적 있는데…….' 라고 공감하며 얻게 되는 과학 지식은 더 오래 기억에 남겠지요.

'왜?'라는 궁금증이 생겼는데 답을 제대로 찾지 못한다면 과학의 재미도 거기에서 끝나겠죠?

『과학이 BOOM!』 시리즈는 '궁금해. 더 알고 싶어.'라는 생각이 들 때 '짠' 하고 과학 지식을 알려 주는 코너가 나옵니다. 교과서 내용을 충실히 담고 있으며, 각 개념을 한눈에 이해하기 쉽게 정리해 주고 있어요. 구석구석 숨어 있는 등장인물의 재치 있는 말과 표정이 재미를 더해 줄 거예요.

이야기 속에 숨어 있는 '과학'을 찾고, 그 궁금증을 해결했을 때의 짜릿함이 여러분을 더 깊이 있는 과학 공부로 이끌 것이라고 생각합니다. 이 책을 읽고 나면, 주변 현상에 더 호기심을 갖게 되고 과학의 유용성과 즐거움을 느끼게 될 거예요.

EBS 초등 강사 **김문주**

차례

1장 **좀 이상한 전학생** · 감각 기관 ················ 16

> 과학 6-2   4. 우리 몸의 구조와 기능
> 우리 몸은 자극에 어떻게 반응할까요?

2장 **냄새가 난다** · 소화 기관 ················ 30

> 과학 6-2   4. 우리 몸의 구조와 기능
> 우리가 먹은 음식물은 어떻게 될까요?

3장 **오, 나의 영웅** · 운동 기관(1) ················ 46

> 과학 6-2   4. 우리 몸의 구조와 기능
> 우리 몸은 어떻게 움직일까요?

4장 **질투** · 운동 기관(2) ················ 60

> 과학 6-2   4. 우리 몸의 구조와 기능
> 우리 몸은 어떻게 움직일까요?

5장 **비고 클럽** · 호흡 기관 ················ 78

> 과학 6-2   4. 우리 몸의 구조와 기능
> 숨을 쉴 때 우리 몸에서는 어떤 일이 일어날까요?

6장 **이상한 소문** · 순환 기관 ················ 98

> 과학 6-2   4. 우리 몸의 구조와 기능
> 혈액은 우리 몸에서 어떻게 이동할까요?

7장 한밤의 추격 · 배설 기관 ········· 114
과학 6-2　4. 우리 몸의 구조와 기능
　　　　　우리 몸은 노폐물을 어떻게 내보낼까요?

8장 우리에게 꿈이 있다면 · 뇌, 신경계 ······ 134
과학 6-2　4. 우리 몸의 구조와 기능
　　　　　우리 몸은 자극에 어떻게 반응할까요?

부록 과학 레벨업 하기
- 눈은 어떻게 사물을 볼까? ····················· 156
- 귀는 어떻게 소리를 들을까? ··················· 157
- 맛은 어떻게 느낄까? ·························· 158
- 냄새는 어떻게 맡을까? ························ 158
- 운동할 때 우리 몸에 어떤 일이 일어날까? ········· 159

　과학 6-2　4. 우리 몸의 구조와 기능
　　　　　　운동할 때 우리 몸에는 어떤 변화가 나타날까요?

- 혈액은 무엇으로 이루어져 있을까? ··············· 160

주요 등장인물

수호

훗! 반가워. 난 한마디로 말하자면
음…, 평범하게 살고 싶은 천재 소년이랄까?
이번에 처음 초등학교를 다니게 됐어.
그동안 학교도 안 다녔냐고?
궁금하면 책을 읽어 봐!

안느

난 고양이를 좋아하는 마음 여린 소녀야.
근데 다들 왜 날 무서워하는지 모르겠어.
특히 세찬이랑 수호! 아무리 생각해도
진짜 보는 눈이 없다니까.

세찬

안녕! 내가 좋아하는 건
자전거 타기랑 먹는 거랑 뭐 만드는 거야.
그중 제일 좋아하는 건 먹는 거!
안느가 자꾸 뭐 먹는다고
구박하지만, 내 먹는 즐거움을
빼앗을 순 없다고!

그 외 등장인물

오영웅

축구 천재에 호수 초등학교 최고 스타인 나를 그 외 등장인물로 넣다니! 아니, 그게 중요한 게 아니라 요즘 내 주변에 자꾸 이상한 일들이 일어나고 있어. 과연 그 비밀을 알아낼 사람이 있을까?

나제일

축구부에서도 맨날 영웅이한테 밀려서 2인자인데, 등장인물 소개에서도 영웅이 다음이네. 쳇! 자꾸 영웅이한테 밀리는 거 진짜 속상해!

용쌤

흠흠, 등장인물에 나오다니 영광이로군. 내가 워낙 파이팅 넘치고 소리를 좀 질러서 다들 '용쌤'이라고 부르는 것 같은데…. 뭐, 용은 신비로운 동물이니까 솔직히 난 내 별명이 좋아. 아! 쉿, 애들한테는 비밀이야.

내 이름은 곱슬머리 안느

난 안느. 우리 집은 초록 지붕의 집. 마당에 큰 벚나무가 있다.

엄마, 학교 다녀오겠….

덜컹

우리 엄마는 빨강머리 앤에 푹 빠졌다.

안느야, 이리 와. 머리 묶자.

어서!

싫어요!

이리 온~!

세찬, 바람을 타고 달린다

난 세찬. 만드는 걸 좋아한다. 그것도 재활용 쓰레기로!

"에휴~."

내가 만든 것들이다.

4살 때 만든 차

5살 때 요구르트 병과 달걀 박스로 만든 거북선

6살 때 박스로 만든 게임 캐릭터

그리고 7살 때 만든 세찬 요새. 곳곳에 함정이 도사리고 있다. 그런데….

우리 엄마는 세찬 요새를 잘도 뚫는다.

엄마는 짱이다!

"추운데 감기 걸릴라."

안녕! 나야 나, 수호!
이제부터 나랑 과학 공부를 하게 될 거야.
공부는 싫다고?
나랑 하는 공부는 재미있을걸?
1장에서는 보고, 냄새 맡고, 맛을 느끼는
우리 몸의 감각 기관에 대해 배울 거야.

기대하라고!

안느는 재빨리 주변을 둘러보았다. 등교 시간보다 무려 40분이나 일찍 나왔다. 안느의 집에서 학교로 가는 길에는 작은 공원이 있다. 소나무와 단풍나무, 벚나무가 적당히 심어져 있고, 그 사이사이에 운동 기구가 몇 개 서 있다.

안느는 크로스 백에서 봉지를 꺼내 흔들었다. 그 소리가 신호인 듯 나무 뒤에서 고양이 두 마리가 튀어나왔다. 굳어 있던 안느의 얼굴에 웃음이 번졌다.

잠시 뒤 풀숲 사이에서 새끼 고양이 두 마리도 아장아장 걸어 나왔다. 그러자 고양이들은 새끼가 먹이를 먹도록 비켜 주었다.

"꺄~ 너무 귀여워! 어쩜 좋아."

안느는 조금 떨어진 곳에 쪼그리고 앉아 새끼 고양이를 바라보았다.

"만져 보고 싶어. 으으으……."

안느는 팔을 뻗으며 손끝을 부들부들 떨었다.

그때였다.

"그래, 순발력 좋은 건 알겠는데……, 일단 좀 비켜 줄래?"

"어? 아…… 그, 그래."

안느의 단호한 말에, 동그란 안경을 쓴 남자아이가 머쓱한 얼굴로 몸을 일으켰다.

"아, 아파."

안느가 신음 소리를 내며 일어났다.

"너, 피! 거기 팔!"

남자아이가 안느의 팔을 가리켰다. 안느는 왼쪽 팔꿈치를 쳐다보았다. 옷 위로 피가 배어 나와 있었다.

안느의 말에 남자아이는 뒤를 흘깃 돌아보았다. 안느 쪽을 향해 손가락질을 하며 부지런히 걸어오는 할머니가 보였다.

안느와 남자아이는 뛰다시피 공원을 빠져나왔다. 할머니한테 걸렸으면, 공원 세 바퀴 돌 만큼 긴 잔소리를 들었을 거다.

"휴, 이제 좀 천천히 걷자. 어쨌든 도와줘서 고마워. 그런데 넌 누구야?"

안느가 남자아이를 빤히 쳐다보았다.

남자아이가 걸음을 멈췄다. 안경을 한번 고쳐 쓰더니 손을 쓱 내밀었다.

"난 수호라고 해. 오늘부터 호수 초등학교에 다니게 됐어. 잘 부탁해."

"그래그래, 전학생이구나. 초등학생이 무슨 악수야."

"어, 그런가? 내가 초등학교는 처음 다녀 봐서……."

"뭐?"

수호는 당황한 듯 얼른 안느의 다친 팔을 가리켰다.

"너, 지금 굉장히 위급해. 얼른 가서 치료 받자!"

안느와 수호는 서둘러 학교로 향했다. 공원 옆 주택과 상가를 지나니 호수 초등학교가 한눈에 들어왔다. 푸릇푸릇한 인조 잔디가 깔린 축구장이 눈에 띄는 작은 학교였다.
수호의 심장 박동이 빨라졌다.
"드디어! 드디어 나도 초등학생이 된 거야! 야호!"

감각 기관

우리 몸에는 감각 기관이 있어. 외부의 자극을 받아들이는 기관이지. 바로 눈, 코, 귀, 입, 피부야.

나 모델 싫어!

눈(시각) 보고

귀(청각) 소리를 듣고

코(후각) 냄새를 맡고

입(미각) 맛을 느끼고

피부(촉각) 무언가가 몸에 닿는 걸 느끼지

공이 날아오고 있다고 상상해 봐!

공이다! 공이 날아와! 음… 허리 숙여 피해!

감각 기관을 통해 얻은 정보는 뇌에 전달돼.

그러면 뇌는 상황을 판단해 몸에 명령을 내리지.

흿! 내가 없으면 감각 정보를 얻어도 소용이 없지.

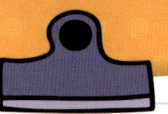

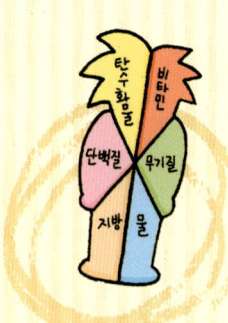

우리는 왜 밥을 먹을까?

우리 몸을 움직일 에너지와 영양소를 얻기 위해서야.
밥을 먹으면, 우리 몸속 소화 기관이
밥을 영양소와 에너지로 바꿔 주지.
이번 장에서는 <u>소화 기관</u>이 어떻게 생겼고
어떤 일을 하는지 살펴보자.

끼익, 교문 앞에서 자전거가 멈췄다. 세찬이가 자전거에서 훌쩍 뛰어내렸다. 자전거 안장이 자기 허리보다도 높고 바퀴도 엄청나게 큰데 잘도 타고 다닌다. 아파트 재활용 수거장에 버려진 자전거를 가져와서는 며칠 동안 닦고 칠하고 수리했단다. 자전거에 '바람 3호'라고 삐뚤빼뚤 이름까지 써 두었다.

세찬이는 바람 3호를 교문 옆 자전거 보관대에 세워 놓고 달려왔다.

"얘 오늘 전학 왔대. 이름은 수호. 인사해, 얘는 세찬이."

"아~ 전학생이구나! 궁금한 게 있으면 뭐든 물어봐."

"고마워. 난 학교가 처음……이 아니고, 이 학교가 처음이라. 하하하."

세찬이는 어느새 수호 옆으로 바싹 다가가 긴 팔로 어깨를 감쌌다.

안느는 둘을 남겨 둔 채 학교 안으로 총총 걸어 들어갔다. 수업 시작 전에 보건실에 들러야 하니까.

잠시 후, 안느가 교실 뒷문을 조용히 열고 들어오자, 세찬이가 팔꿈치를 가리키며 입 모양으로 '뭐래?' 하고 물었다. 안느는 팔을 들어 밴드를 붙인 곳을 보여 주었다.

'저기 봐!' 이번에는 손가락으로 교실 앞쪽을 가리켰다. 안느는 가방을 책상 옆에 걸며 자리에 앉았다. 교실 앞에 선생님과 수호가 서 있었다.

"수호는 이 학교가 처음이니까 여러분이 잘 도와주세요. 자, 그럼, 어디에 앉으면 좋을까?"

으이그, 안느는 고개를 절레절레 흔들며 교과서를 꺼냈다. 수호가 세찬이 옆에 앉자, 선생님은 수업을 시작했다.

"자, 수학익힘책부터 꺼내 볼까요? 저번 시간에 선생님이 나눠 준 문제는 다 풀었겠죠?"

"어, 벌써 12시가 됐니? 알았다. 애들아, 나머지는 숙제로 해 와."

아이들은 우르르 교실 밖으로 뛰쳐나갔다. 세찬이가 안느에게 엄지손가락을 척 치켜들었다.

"역시, 시계의 여왕이야."

훗! 안느가 한 손으로 머리카락을 차르륵 넘겼다.

"시계의 여왕?"

"응, 안느 별명이 시계의 여왕이야. 얘는 졸다가도 12시만 되면 귀신같이 눈을 뜨거든."

"야, 달려!"

안느가 둘의 등을 떠밀었다. 수호는 엉겁결에 같이 뛰었다.

'어딜 가는 거지?'

3층에서 1층까지 계단을 두 개씩 뛰어 내려가 복도를 따라

가자, 하얀 문이 나왔다.

"헉헉, 여기가 어디야?"

세찬이가 문 위에 붙은 팻말을 가리키며 말했다.

"이봐, 전학생! 우리가 학교를 다니는 이유가 있다면 바로 이곳 때문이지. 급식실!"

급식실에 들어서자 이미 많은 아이들이 밥을 먹고 있었다.

"조리사님, 저 닭봉 2개만 더 주세요. 네엥?"

세찬이의 코맹맹이 소리에 조리사는 고개를 돌려 버렸다.

쳇! 세찬이가 수호와 안느 옆에 와서 앉았다. 수호는 식판을 보고, 세찬이를 보고, 또 식판을 보고, 세찬이를 보았다.

세찬이가 먹는 모습을 가만히 지켜보던 수호가 세찬이를 말렸다.

"세찬아, 음식은 꼭꼭 씹어야 해. 그렇게 대충 씹으면 안 돼."

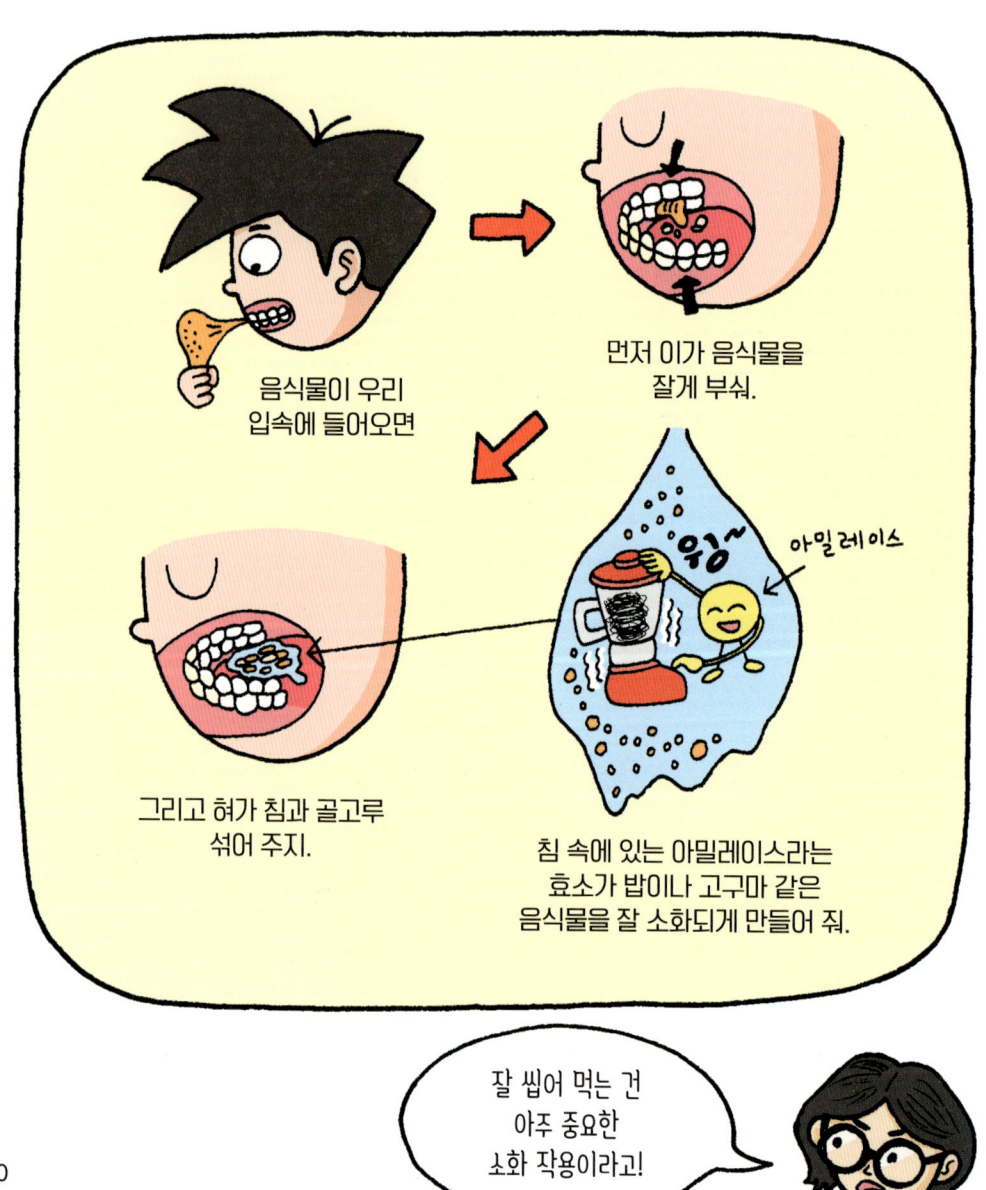

쿠당탕! 안느가 갑자기 일어서는 바람에 의자가 넘어졌다. 수호와 세찬이, 그리고 주변에 있던 아이들이 모두 안느를 바라보았다.

"왔다!"

안느의 얼굴이 당근처럼 붉어졌다.

"뭐가?"

수호가 주위를 두리번거렸다. 세찬이가 수호의 얼굴을 급식실 문 쪽으로 돌려 주었다. 축구복을 입은 한 무리의 아이들이 들어오고 있었다.

"오영웅! 우리 학교 축구부 스타야. 너도 알걸? 전에 텔레비전에도 나왔는데."

"오…… 영…… 웅?"

우당탕, 이번엔 수호가 벌떡 일어났다.

'드디어, 오영웅을 만나다니! 내가 이 학교를 선택한 이유!'

수호의 얼굴도 당근처럼 붉어졌다.

우리 몸에 필요한 영양소

 우리 몸은 여러 가지 영양소를 필요로 해. 영양소가 부족하면 잘 자라지도 못하고 병에 걸리고 말 거야.

몸을 움직이는 데 힘을 내게 해 줘.

탄수화물

비타민

건강을 유지하고 성장하는 데 도움을 줘.

단백질

무기질

뼈와 조직, 피를 만드는 데 필요해.

지방

물

피와 살을 만드는 데 필요해.

체온을 유지해 주고, 장기를 보호하고 힘이 나게 해.

우리 몸의 약 70%를 차지해. 피와 영양소를 나르고 생리 작용을 도와.

소화 기관

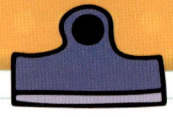

음식물이 잘게 쪼개지고 분해되어 영양소로 흡수되는 과정을 소화라고 해. 소화에 관련된 기관이 소화 기관이야.

번호 순서대로 소화가 진행돼.

내 몸속이 이렇게 생겼어?

이런 건 안 보고 싶다고!

① 입
이와 침, 혀가 서로 도우면서 음식물을 잘게 부수고 물러지게 만들어.

② 식도
음식물이 위로 이동하는 통로야.

③ 위
음식물은 위에서 보통 2~4시간 머물러. 그동안 위액이 나와서 음식물을 죽처럼 부드럽게 만들지.

⑤ 큰창자
여기서는 물만 흡수돼. 영양소와 물이 모두 빠져나간 찌꺼기가 대변이 되어서 나오는 거야. 큰창자의 끝은 항문과 연결되어 있어. 큰창자에는 수백 종의 대장균이 살고 있는데, 나쁜 세균이 들어오지 못하게 도와주는 역할을 해.

④ 작은창자
구불구불한 긴 관 모양인데, 쫙 펴면 약 7m나 돼. 여러 가지 소화액이 나와서 위에서 내려온 음식물을 더 잘게 분해하지. 작은창자 안은 주름이 많고, 영양소를 흡수하는 가는 털이 빽빽하게 있어.

⑥ 항문
큰창자의 끝과 연결되어 있어서 소화되지 않고 남은 찌꺼기를 내보내.

우리도 있어! 우리는 소화액을 내어서 소화 기관을 돕는 삼총사야!

난 지방 분해를 돕는 쓸개즙을 만들어. 쓸개즙은 샘창자(작은창자의 첫 부분)로 보내기도 하고 쓸개로 보내기도 해.

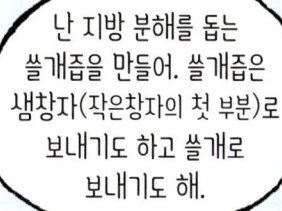

간

쓸개

내가 만드는 이자액은 지방, 단백질, 탄수화물 모두를 분해해.

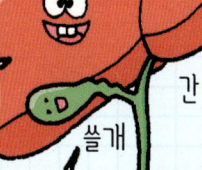

이자

난 쓸개즙을 저장했다가 샘창자로 보내.

음식물이 소화 과정을 거쳐 몸 밖으로 나오기까지 24시간쯤 걸려.

벌컥 벌컥

그새 또 먹어? 얘는 30분 만에 소화되는 거 아냐?

위에 담을 수 있는 양은 약 1300~1400ml야. 편의점에서 파는 500ml짜리 생수 3병 정도인 셈이지.

오! 생수 한 병만큼 더 먹을 수 있겠다!

으이구~ 못 말려!

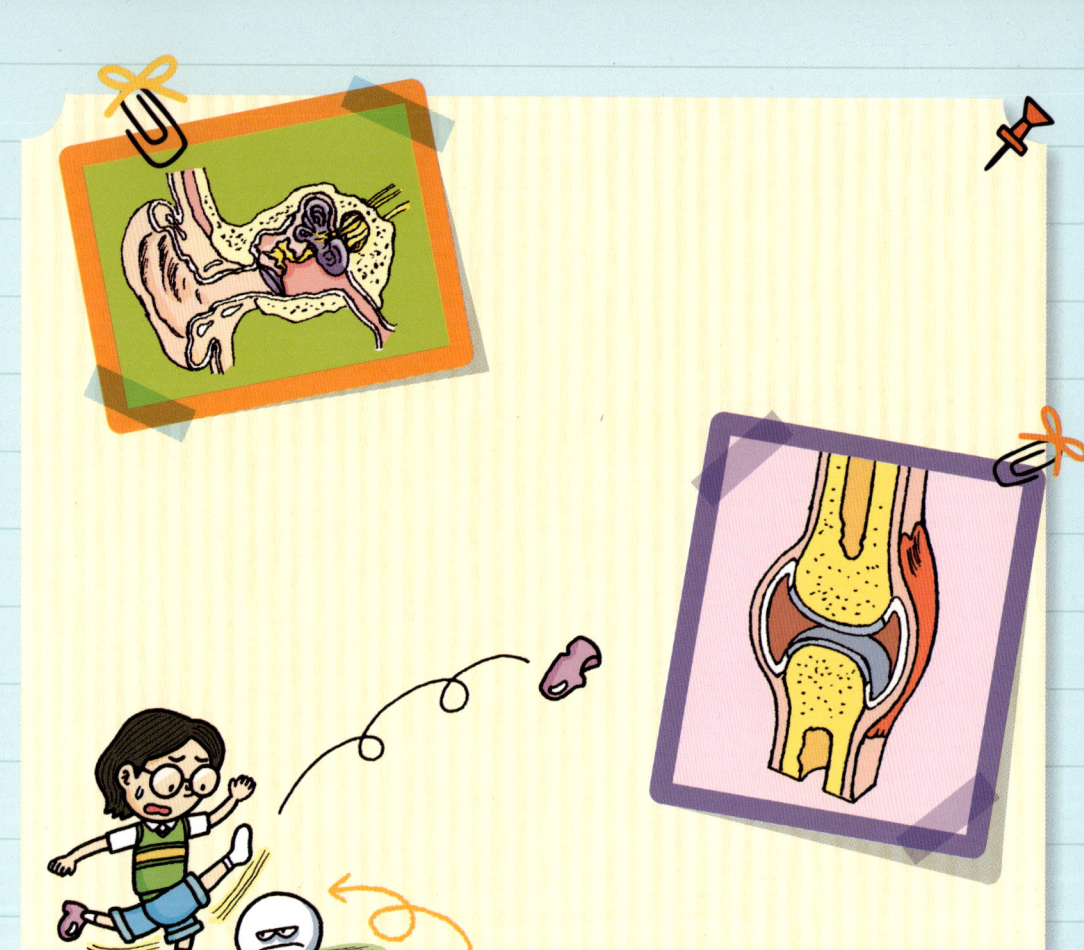

난 친구들과 어울려 축구 하는 모습을
상상하면 늘 기분이 좋았어.
그런데 사실 알고 보면, 우리가 뛰고 축구공을 차고
하는 동작들은 생각처럼 쉽게 이루어지는 게 아니야.
우리 몸의 운동 기관 들이 서로 긴밀하게
협동해야 가능한 일이지.
지금부터 우리 몸을 움직이는 데 뭐가 필요한지
찬찬히 알려 줄게.

"너!"

카랑카랑한 목소리에 수호가 안느를 쳐다봤다.

"오영웅이 가고 싶어 하는 구단은 어디야?"

갑작스러운 안느의 질문에 수호는 잠깐 멈칫하더니 이내 진지한 얼굴로 대답했다.

"토트넘."

"오영웅의 작년 한 해 득점 골 수는?"

"16경기 29점."

안느의 속사포 같은 질문에 수호는 한 치의 망설임도 없이 대답했다. 팽팽한 기싸움에 세찬이 눈이 시계추처럼 움직였다.

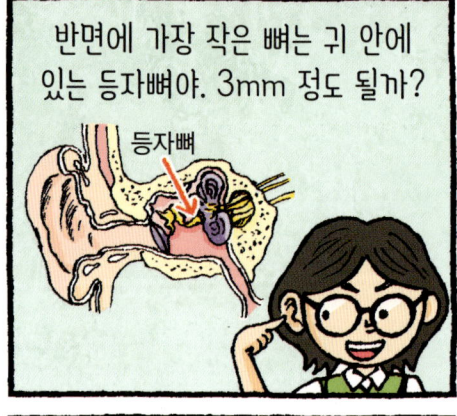

어떻게 아냐는 세찬이의 질문에 당황한 수호가 말을 돌렸다.

"그것보다 축구부 신입 부원 모집은 언제야? 난 꼭 축구부에 들어가야 하거든."

"다음 달에 해. 나도 반드시 축구부 들어갈 거거든!"

수호와 안느 사이에 다시 불꽃이 튀었다. 세찬이가 둘 사이에 끼어들었다.

수업이 끝나자 안느가 둘을 불렀다.

"연습은 오늘부터야. 우리 셋 다 공정하게 테스트를 보는 거야. 알겠지?"

반짝, 수호와 세찬이의 눈이 빛났다. 셋은 인조 잔디가 푸르게 깔린 축구장을 지나 그네와 철봉이 자리 잡은 흙바닥 운동장으로 갔다. 1학년 아이들 몇 명이 그네에 매달려 깔깔대고 있었다.

가방을 철봉 옆에 던져두고 셋은 마주 보고 섰다.

"뭐부터 해야 하지?"

"우리 이제 슈팅 연습하자. 여기 철봉을 골대라고 생각하고. 내가 먼저 골키퍼 할게."

수호가 철봉 앞으로 걸어갔다.

세찬이가 긴 다리로 저 멀리 겅중겅중 뛰어갔다. 세찬이는 공을 발 앞에 두고 꼭 찰 것같이 하다가, 멈추곤 했다.

"어휴, 어디서 본 건 있어서. 얼른 차!"

안느가 소리쳤다.

뻥! 세찬이의 발에 맞은 축구공은 하늘 높이 떠올랐다. 공은 갑자기 푹 떨어지더니 그네 옆으로 데굴데굴 굴러갔다. 1학년 아이들이 그네에서 뛰어내리더니, 공을 던져 주었다.

"세찬아, 그렇게 힘으로만 차면 공이 멀리 못 가."

안느가 이어서 공을 받았다.

"이 누나가 슛의 정석을 보여 주마."

하나, 둘, 셋! 안느의 발끝에 맞은 공은 느리게 느리게 날아가더니 철봉 앞에서 수비를 하는 수호 앞에 톡 떨어졌다. 수호가 공을 주워 들며 한 소리 건넸다.

"공을 발끝으로 차면 안 돼. 여기 발등으로 차야지."

"쳇! 잘난 척은. 그럼, 이번엔 네가 해 봐."

수호가 안느와 자리를 바꿔 섰다.

수호는 손목과 발목을 털며 숨을 크게 들이쉬었다. 처음으로 친구들과 함께 축구 연습을 하는 역사적인 순간이었다. 수호의 온몸에 힘이 들어갔다. 옆에서 지켜보던 세찬이의 주먹도 꽉 쥐어졌다.

"괜찮아? 다리뼈 부러진 거 아냐?"

안느와 세찬이가 수호의 어깨를 흔들었다.

"그만해. 나, 너무 부끄러워."

안 그래도 그네 타던 1학년 아이들이 이쪽을 보며 계속 웃고 있었다. 둘은 수호의 팔을 하나씩 잡고 일으켜 주었다.

수호가 얼굴과 옷에 묻은 흙을 털어 내며 말했다.

"난 꼭 축구부 들어가서 오영웅과 함께 저 푸른 잔디 구장을 뛰어다닐 거야."

"난 꼭 축구부 들어가서 오영웅과 절친 될 거야."

"난 꼭 축구부 들어가서 닭봉조림 질리게 먹고 말 거야."

앵무새처럼 서로 말을 따라하다 셋은 그만 웃음을 터뜨렸다.

"우리, 내일은 패스 연습하자!"

 **여기서 잠깐!**

"너 진짜 다리뼈 괜찮아?"

"다리뼈는 사람 뼈 중에서도 특히 단단해."

"그러니까… 괜찮다는 거지?"

어른 몸속에는 약 206개의 뼈가 있어. 아기 때는 약 350개인데, 자라면서 일부 뼈가 붙어서 수가 줄어들지.

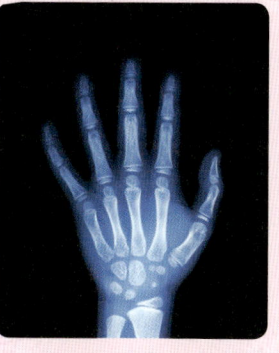
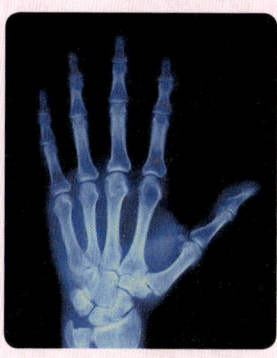

어린아이 손 / 어른 손

"엑스레이 사진을 보니 진짜 차이가 나네."

"야, 뭐 해?"

"몸속 뼈가 어떻게 생겼는지 그려서 보여 주려고."

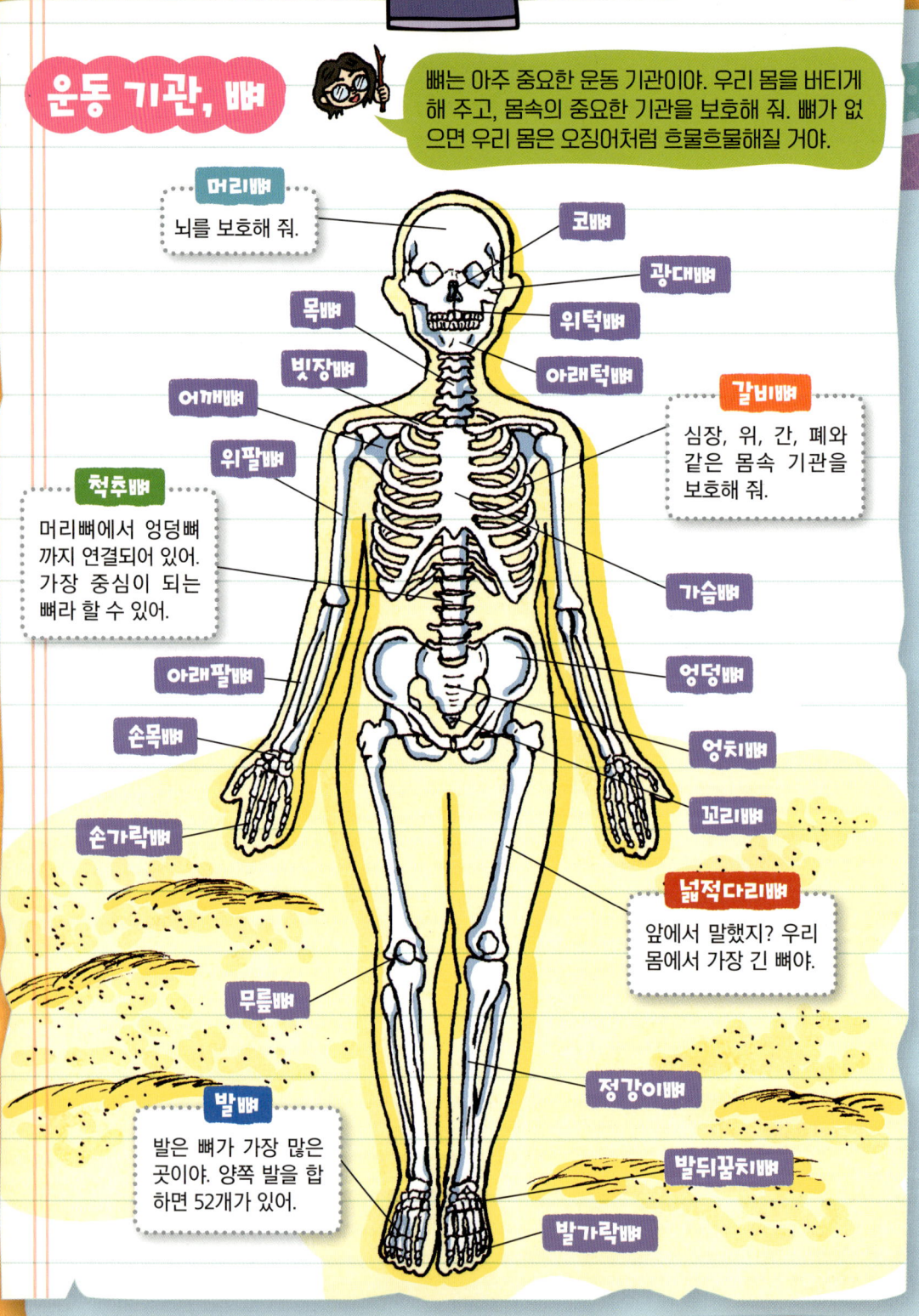

뼈와 뼈 사이를 연결하는 관절

근데 축구 선수들은 맨날 관절이 성할 날이 없다고 하잖아. 영웅이가 무릎 찜질하는 거 본 적 있거든. 정확히 관절이 뭐야?

오~ 영웅이가 진짜 좋은가 보다. 네가 그런 걸 다 궁금해하고.

뼈와 뼈의 연결 부위를 관절이라고 해. 관절이 있기 때문에 목을 돌리거나 팔다리를 구부릴 수 있는 거야.

관절의 구조

뼈막 - 뼈의 표면을 감싸고 있는 막이야.

인대 - 뼈와 뼈를 연결하는 끈 같은 것으로, 발목을 삐었을 때 아프고 붓는 건 인대가 늘어났기 때문이야.

뼈

관절강 - 뼈와 뼈 사이의 틈이야.

관절 연골 - 뼈와 뼈가 부딪히지 않도록 해서 관절이 다치지 않게 보호해 줘.

관절액 - 끈끈한 액체로, 마찰을 줄여 줘.

영웅이 인대가 늘어난 건 아니겠지?

또 영웅이 생각했지?

내가 축구공을 차다가 엎어진 거……
다들 알겠지만 실수였어, 실수!
제대로 근육을 안 풀어서 그래. 진짜야!
헛흠, 여튼 이번 장에서는 우리가 팔다리를
구부릴 수 있게 도와주는 근육에 대해 배울 거야.
다음 번에는 근육을 제대로 풀고
멋지게 슛~ 하는 모습 꼭 보여 줄게. 기대해!

수호가 안경 너머로 진지한 눈빛을 쏘아 보냈다. 안느는 그 모습이 마치 엄마가 좋아하는 드라마를 보고 싶어서 자기를 방으로 쫓아 보낼 때와 똑같다는 생각이 들었다.

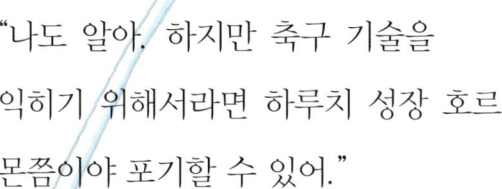

"나도 알아. 하지만 축구 기술을 익히기 위해서라면 하루치 성장 호르몬쯤이야 포기할 수 있어."

"뭐? 네가 공부를 했다는 거야? 축구 때문에?"

"그래. 이제 너희 자리로 가 줄래? 좀 쉬어야겠어."

안느가 손을 휘이휘이 내저었다. 세찬이가 팔을 구부리더니 안느에게 보란 듯 말했다.

"그런데 너는 근육도 없어 보이는데 왜 아프다는 거야? 근육이라면 이 정도는 되어야지."

"흥! 그거 다 살 아니야?"

안느와 세찬이가 티격태격거리기 시작했다.

"친구들, 여기 좀 봐."

"왜!"

둘이 동시에 수호를 쳐다봤다.

"싸우지 말고, 재미있는 퀴즈나 풀어 보자. 너희, 뼈의 단짝 친구가 누군지 알아? 너희 둘처럼 아주 친해."

안느가 발끈했다.

"우리 둘이 단짝이라고? 무슨 그런 험악한 소리를……!"

세찬이는 흐뭇하게 웃었다.

"우리 둘이 단짝인 건 맞는데, 뼈의 단짝은 모르겠다. 누구야?"

　세찬이는 쉬는 시간 내내 안느를 졸랐다. 하지만 안느의 간식 가방은 열리지 않았다. 수업이 끝나고 축구 연습을 하러 가는 동안에도 세찬이와 안느의 실랑이는 계속되었다.

　"먼저 약속을 어긴 건 너야. 어제 만들어 주기로 한 거 어떻게 됐어?"

아! 세찬이가 이마를 탁 쳤다.

"일부러 그런 게 아니잖아. 어제 연습하느라 힘들어서……."

"저기 축구부 경기하나 봐. 오영웅이 몸풀기 하고 있어."

수호의 말에 셋은 우르르 축구장으로 달려갔다. 축구장 한쪽에는 벌써 경기를 구경하러 온 몇 무리의 아이들이 있었다. 특히 여자아이들이 많았다.

"오영웅 좀 봐. 꺄악~! 어떡해, 이쪽을 보잖아! 너무 멋있어."

안느는 수군거리는 여자아이들 무리 사이를 일부러 비집고 들어가 그 앞쪽에 자리를 잡았다. 수호와 세찬이도 어쩔 수 없이 안느

뭐야? 판다야?

얘들아~ 다 들리거든!

　뒤를 슬금슬금 따라가 그 옆에 앉았다.
　"세찬아, 나 자꾸 뒤통수가 따가워."
　"응, 수호야, 사람 눈에서 레이저가 나오기도 하나 봐."
　"자, 얘들아, 준비됐지?"
　갑자기 쩌렁쩌렁한 목소리가 울려 퍼졌다. 검게 그을린 얼굴에 단단한 어깨를 가진 남자가 경기장 안으로 걸어 들어왔다.
　"용쌤이야. 축구부 감독이셔. 소리 지를 때 꼭 용이 불을 뿜는 것 같아서 용쌤이라고 불러."
　세찬이가 수호에게 알려 주었다.

"다들 영웅이가 유소년 국가 대표 선발전에 나가는 것 알고 있지? 영웅이 실력이면 당연히 합격하겠지만, 그래도 우리 모두 힘을 합쳐 영웅이가 호수 초등학교의 이름을 알리고, 또 우리나라의 명예를 드높일 수 있도록 도와주자."
용쌤은 영웅이에게 다가가 어깨를 툭툭 두드려 주었다.
"영웅아, 너무 무리하지는 말고, 선발전 때까지 감을 잃지 않게 훈련한다고 생각해. 네 두 발에 우리 학교 축구부의 미래가 달렸다."

"네……."
영웅이는 고개를 숙인 채, 축구화로 바닥을 쿡쿡 찍었다. 축구부 몇 명이 그런 용쌤과 영웅이를 쳐

꺄악~ 오빠~!

다 보고 있었다.

　경기가 시작되었다. 축구부 아이들은 A팀과 B팀으로 나누어 뛰었다. 영웅이가 있는 A팀 선수들은 공을 잡으면 거의 영웅이에게 패스했다. 영웅이가 공을 받고 드리블을 해서 골문 근처에 갈 때면 아이들의 환호 소리가 더 커졌다.

"으……."

영웅이는 바닥에 쓰러져 발목을 붙잡은 채로 신음 소리를 냈다. 그 옆에서 나제일은 어쩔 줄 몰라 했다. 용쌤이 달려왔다.

"아이고, 이게 무슨 일이야. 나제일 너! 지금 뭐 한 거야?"

"감독님, 제가 일부러 그런 게 아니에요. 분명히 공에 발이 닿았는데……."

"시끄럽다! 영웅아, 많이 아프니? 얼른 병원에 가 보자."

용쌤은 들것을 가져와 영웅이를 데려갔다.

나제일은 얼굴이 벌게져 앞에 놓인 공을 뻥 찼다. 제일이 주변으로 몇몇 아이들이 모여들어 어깨를 두드려 주었다.

나제일과 아이들은 경기장 한쪽에 있는 선수실로 터덜터덜 걸어 들어갔다. 구경하던 아이들도 수군대며 돌아갔다.
"와~ 이게 무슨 일이야! 어? 안느 너, 우는 거야?"
세찬이는 나제일이 차 버린 축구공을 주워 오다 안느를 보더니 공을 떨어뜨렸다. 안느의 눈에서 눈물이 주룩주룩 흐르고 있었다.

수호는 무언가를 생각하는 듯 혼자 중얼중얼거렸다.

"이상해. 태클 장면을 계속 되돌려 생각해 봐도, 분명히 나제일의 발은 영웅이의 발목이 아니라 공에 닿았어. 그런데 영웅이는 왜 그렇게 아파했을까?"

세찬이가 주머니를 뒤지더니 구깃구깃한 휴지를 꺼내 안느에게 건넸다. 패앵, 안느가 코를 풀었다.

"아프니까 아프다고 했겠지. 그럼, 영웅이가 엄살이라도 부렸다는 거야?"

"어쨌든 오늘은 패스 연습할 분위기는 아닌 것 같다. 가자."

세찬이의 말에 안느와 수호는 동시에 고개를 끄덕였다.

여기서 잠깐!

우리 영웅이 진짜 괜찮을까?

아까 들었는데 뼈가 다친 게 아니라 근육이 좀 놀란 거래.

흥~

근육 얘기가 나와서 하는 말인데 너희 혹시 심장도 근육인 거 알아?

뭐? 심장이 근육이야?

근육인진 몰라도 아까 영웅이 넘어질 때 심장 터지는 줄 알았어.

얼굴 피부나 뼈에 붙은 근육은 우리가 생각대로 움직일 수 있는 근육이야. '골격근'이라고 부르지. 그런데 내 마음대로 조절할 수 없는 근육이 있어. 바로 심장, 위, 창자 등을 움직이는 근육이야. 이런 '심장근'과 '내장근'은 스스로 움직여.

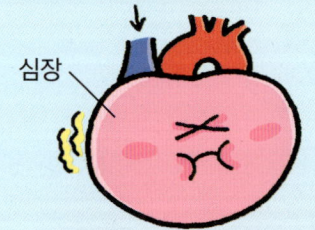
심장

나도 근육이야. 근육이 늘어나면 혈액이 들어오고

근육이 오므라들면 혈액이 나가.

운동 기관, 근육

뼈와 근육은 단짝 친구랬지? 만약 우리 몸에 뼈만 있다면, 서 있을 수는 있지만 움직일 수는 없어. 근육의 도움으로 팔다리를 구부리고, 손가락과 발가락을 움직일 수 있지.

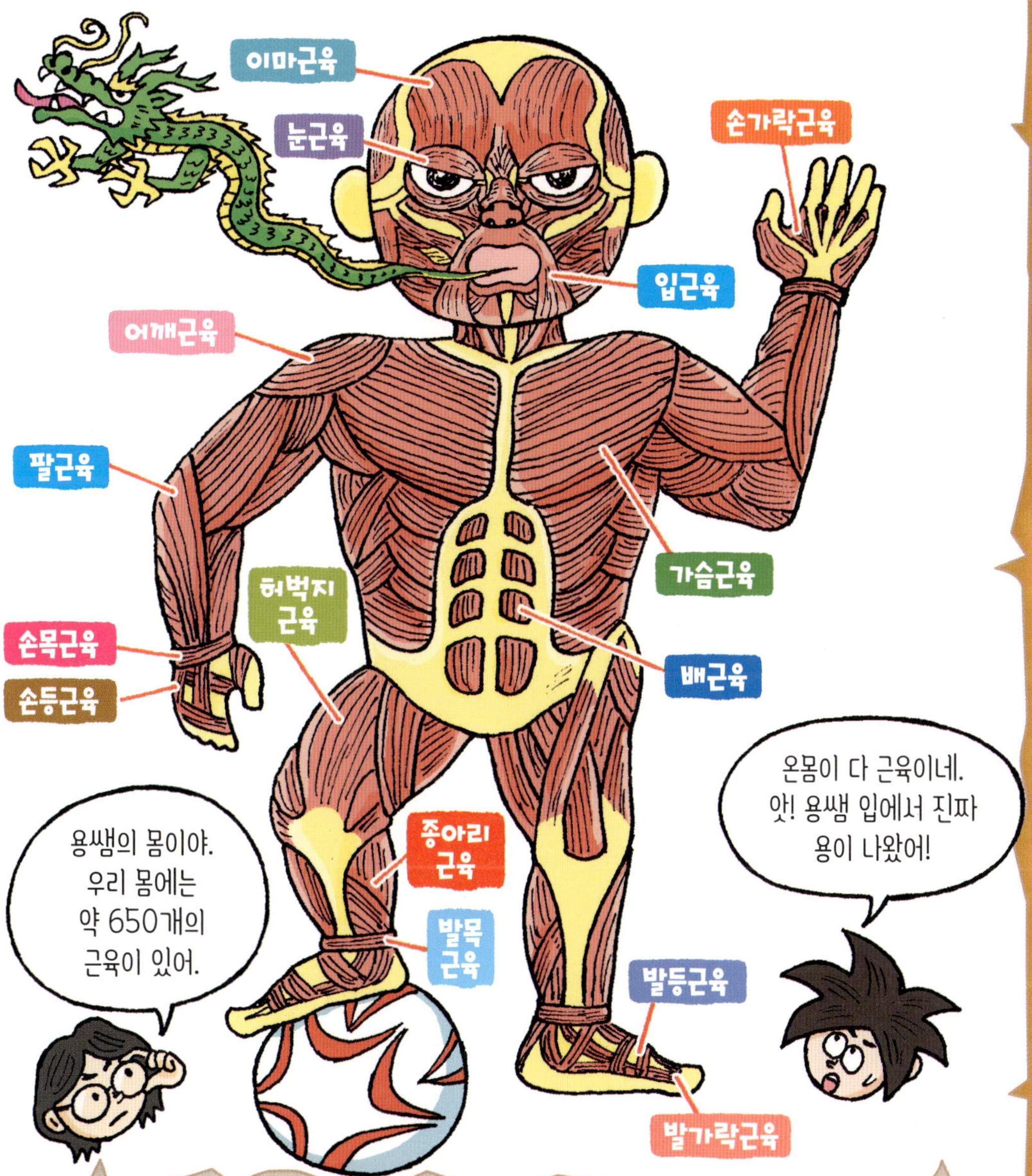

이마근육
눈근육
손가락근육
입근육
어깨근육
팔근육
가슴근육
손목근육
허벅지 근육
손등근육
배근육
종아리 근육
발목 근육
발등근육
발가락근육

용쌤의 몸이야. 우리 몸에는 약 650개의 근육이 있어.

온몸이 다 근육이네. 앗! 용쌤 입에서 진짜 용이 나왔어!

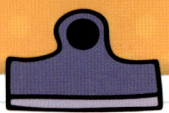

 근육은 늘어나거나 줄어들면서 뼈를 움직여. 보통은 짝을 이루어 움직이지.

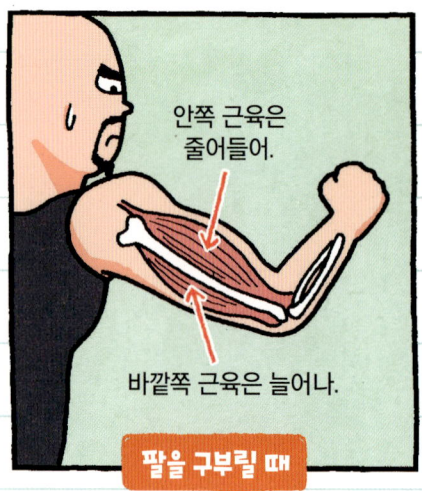
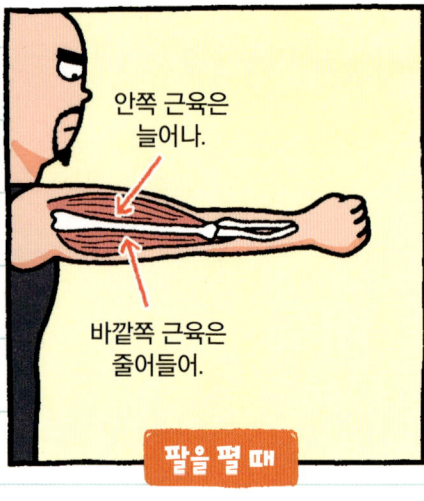

 얼굴 근육은 피부에 붙어 있어. 입술을 움직이는 것, 눈을 깜박이는 것도 근육이 하는 일이야. 얼굴 근육 덕분에 웃고, 화내고, 찡그리는 등의 다양한 표정을 만들 수 있어.

    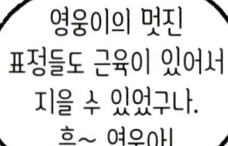

영웅이의 멋진 표정들도 근육이 있어서 지을 수 있었구나. 흑~ 영웅아!

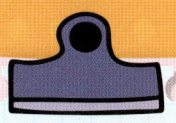

 추울 때 몸이 덜덜 떨리지? 바로 근육을 움직여서 열을 내려고 그러는 거야. 근육은 우리 몸의 체온을 조절하는 일도 해.

 운동할 때 우리 몸에 어떤 일이 일어나는지 알고 싶으면, 159쪽 과학 레벨업 하기를 살펴봐!

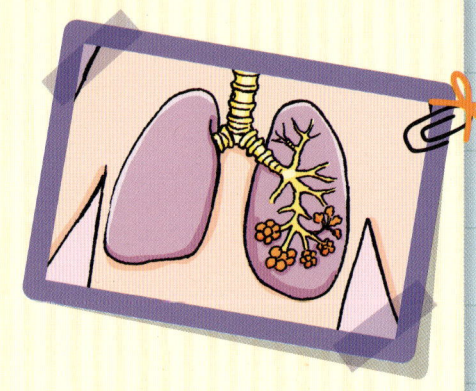

난 푸른 하늘을 올려다보며 상쾌한 공기를
마시는 걸 좋아해.
만약 공기가 없다면 우리는 숨을 쉴 수 없겠지?
이렇게 <u>숨을 쉬는 걸</u> '호흡'이라고 해.
이번 장에서는 호흡에 관여하는 우리 몸속
기관들을 살펴볼거야.

 아이들은 말없이 걸었다. 제각각 생각이 많은 얼굴이었다. 어느새 호수 공원 앞에 도착했다.

"내일 보자."

세찬이가 호수 공원에서 아파트까지 난 길로 발걸음을 옮겼다. 턱! 안느가 세찬이의 가방을 잡았다.

"고양이 급식소를 만들 거야."

수호가 그게 뭐냐는 듯 고개를 갸웃거렸다.

"음, 고양이들이 밥 먹고, 쉬는 곳이야. 길고양이들이 돌아다니면서 쓰레기통을 뒤진다고 싫어하는 사람들이 많거든. 그래서 괴롭히고, 쫓아내려고 하지. 하지만 고양이들은 배가 부르면 조용히 잠을 자는 얌전한 동물이란 말이야. 밥을 먹을 수 있는 곳이 생기면 쓰레기통을 뒤지지 않을 거야. 그럼, 사람들이 덜 미워하겠지? 길고양이를 내쫓기보다는 함께 잘 살 수 있는 방법을 생각해 봐야 하지 않을까?"

'앗, 눈부셔!'

수호는 순간 안느 주변에서 반짝이는 빛을 본 듯했다.

"너, 멋지다! 나도 도와주고 싶어."

안느가 수호를 보고, 처음으로 환하게 웃었다.

"환영이야. 고양이를 좋아하는 사람이라면 믿을 수 있지."

"그럼, 수호에게 우리 비고를 보여 주자!"

세찬이가 신이 나서 수호의 팔을 잡아끌었다.

"자, 자, 이쪽으로!"

아이들은 공원 안으로 들어섰다. 오후 햇살이 나무 사이를 뚫고 들어와 공원 곳곳을 환하게 비추고 있었다. 나뭇가지마다 연초록 잎사귀들이 반짝거렸다.

꼬르륵거리는 배를 움켜쥔 세찬이를 안느가 쏘아보았다.

"바보! 음식은 한 끼 안 먹어도 괜찮지만, 숨 쉬는 건 안 그렇잖아. 에~취! 어쨌든 난 이 꽃가루 섞인 공기는 싫어."

안느는 손으로 코를 막고는 산책 길 옆 잔디밭으로 들어갔다. 제법 크게 자란 철쭉나무 아래에 고양이 세 마리가 몸을 포갠 채 잠을 자고 있었다. 안느는 조금 떨어진 곳에 사료를 부어 두었다.

안느는 자리를 옮기더니, 이번엔 가방에서 고양이 참치캔을 꺼냈다. 딸깍, 하는 소리와 동시에 아이들 뒤편에서 큰 소리가 들려왔다.

"너, 너, 고양이 밥 주지 말라고 했지! 거기서 봐라. 오늘은 꼭 혼쭐을 내야겠다!"

"야, 비고로 뛰어!"

세찬이가 수호의 팔을 끌고 뛰었다. 안느도 손에 참치캔을 쥔 채 달렸다. 셋은 공원을 가로질러 상가 건물이 늘어서 있는 다른 입구로 나왔다.

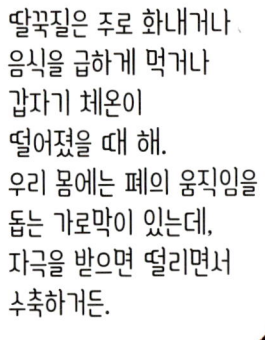

아이들은 다시 걸음을 옮겼다. 조금 더 가자 리모델링하려다 공사가 잠시 중단된 상가 건물이 나왔다.

"여기야. 우리들의 아지트, 비고."

"비고? 날 비, 높을 고, '높이 난다'는 뜻인가?"

수호가 아는 체를 했다.

"아니거든. 비밀 비, 고양이 고, '비밀 고양이'란 뜻인데."

세찬이가 수호를 데리고 상가 건물 1층으로 들어갔다. 입구에는 벽돌과 목재가 조금 남아 있었다. 그 뒤로 돌아가자, 세찬이와 안느가 만든 아지트가 나왔다.

"이걸 너희가 만들었다고?"

수호의 입이 떡 벌어졌다.

"세찬이가 거의 꾸민 거야. 얘는 리사이클링의 대가야."

"내가 좀 손재주가 있는 편이지. 하하하!"

"잘난 척은 이제 그만! 얼른 만들어 줘."

세찬이는 가방 안에서 흰 종이를 꺼내 골똘히 들여다보았다.

"비가 와도 젖지 않아야 해. 지붕을 한쪽으로 기울게 해서 빗물이 흐르도록 하는 게 좋겠지?"

안느도 끼어들었다.

"고양이 사료나 캔을 넣어 둘 수 있는 공간도 만들어 줘. 참! 겨울엔 추우니까 핫팩을 넣을 수 있는 곳도 있어야 해."

"자동 급식 기계를 넣어 두면 어때? 시간 맞춰 사료가 떨어지도록 말이야."

수호도 어느새 세찬이가 든 종이를 들여다보며 의견을 냈다.

"그걸 우리가 만들 수 있을까?"

수호가 흰 종이 위에 그림을 그리기 시작했다.

"오!"

안느가 눈을 반짝였다. 수호의 이야기가 이렇게 흥미로운 적은 처음이었다. 아이들은 시간 가는 줄 모르고 만들기에 빠져들었다. 뻥 뚫린 창문 밖으로 보이는 하늘이 점점 붉은빛으로 물들어 가고 있었다.

"야옹, 야아아옹~."

가냘픈 고양이 울음소리가 들렸다. 안느가 뒤를 돌아보았다.

"오두야, 너 또 다친 거야?"

하얀 털에 꼬리만 까만 고양이 한 마리가 서 있었다. 눈 주변에 깊은 상처가 있었다. 고양이의 한쪽 눈은 초록색, 한쪽 눈은 파란색이었다.

"눈이 특이해. 양쪽 색깔이 다르네?"

"응, 오드 아이야. 처음 여기를 발견한 것도 오두 때문이었어. 큰 고양이들한테 쫓겨서 얘가 여기로 숨어들었거든. 불쌍한 녀석, 매일같이 다쳐."

오두는 익숙한 듯 안느의 발밑으로 다가왔다. 안느가 부드럽게 오두의 털을 쓰다듬었다.

근데 얘 털 때문에 자꾸 재채기가 나. 훌쩍….

오드 아이라서 이름이 '오두'인 건가?

"에취, 에에취~!"

안느는 계속 재채기를 하며, 오두의 사료와 잠자리를 챙겨 주었다. 아이들은 밖이 깜깜해져서야 밖으로 나왔다. 오두가 건물 밖까지 따라 나왔다가 들어갔다.

"오두도 그렇고 영웅이도 그렇고 자꾸 괴롭힘을 당하네. 특별함엔 고통이 따르는 건가?"

세찬이가 안느에게 받은 아몬드 쿠키 하나를 입에 통째로 넣고 우적우적 씹으며 말했다.

수호와 안느가 멈춰 섰다.

"너희 안 갈 거야? 뭐 놔두고 왔어?"

가로등 불빛이 수호와 안느의 얼굴에 내렸다. 둘의 눈이 불빛 탓인지 이글이글 타는 것 같았다.

안느가 주먹을 불끈 쥐었다.

"영웅이는 내가 지킬 거야! 오두를 지킨 것처럼."

수호도 눈을 반짝거렸다.

"분명 영웅이에게 무슨 일이 일어나고 있어. 내 직감과 논리가 그렇게 말해."

세찬이는 쿠키를 꼭꼭 씹어 꿀꺽 삼켰다.

"얘들아, 그만 집에 가서 저녁 먹자."

호흡 기관

우리는 코 - 기관 - 기관지 - 폐로 산소를 받아들여. 반대로 몸속 이산화 탄소는 폐 - 기관지 - 기관 - 코를 거쳐 밖으로 내보내지지. 이렇게 호흡에 필요한 기관을 호흡 기관이라고 해.

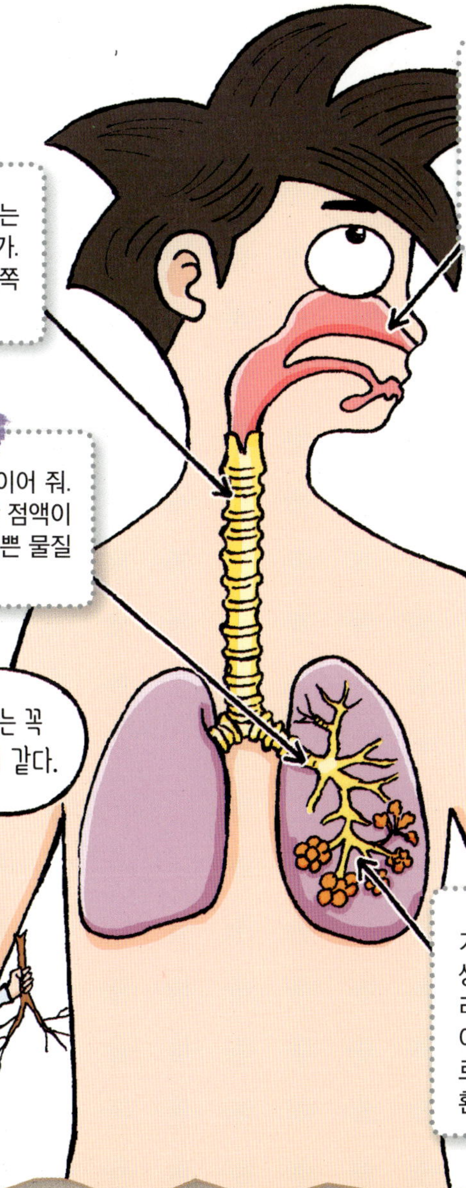

코
콧속에는 코털과 끈끈한 점액이 있어. 공기가 코를 지날 때 먼지나 세균이 여기에 달라붙어. 그게 코딱지가 되는 거야.

기관
코를 지나온 공기는 기관을 통해 내려가. 기관은 오른쪽, 왼쪽 기관지로 나뉘어.

기관지
기관과 폐 사이를 이어 줘. 기관지에도 끈끈한 점액이 있어서, 공기 속 나쁜 물질을 걸러 줘.

폐
기관지 끝에는 포도송이처럼 생긴 허파 꽈리가 있어. 폐포라고도 하지.
이 허파 꽈리에서 실질적으로 산소와 이산화 탄소가 교환돼.

코가 공기 청정기 같은 일을 하는 거네. 맛있는 냄새만 맡는 줄 알았더니.

닭봉~ 먹고싶다!

기관지는 꼭 나뭇가지 같다.

폐는 어떻게 움직일까?

나이나 성별, 혹은 운동 전인가 후인가에 따라 다르지만 보통 1분에 약 17회 숨을 쉰대.

3초에 한 번씩 숨 쉬는 셈이네.

폐는 풍선 같아서 숨을 들이마시면 늘어났다가 숨을 내쉬면 줄어들어. 그런데 혼자서는 움직일 수가 없어서 갈비뼈와 가로막의 도움을 받아야 해.

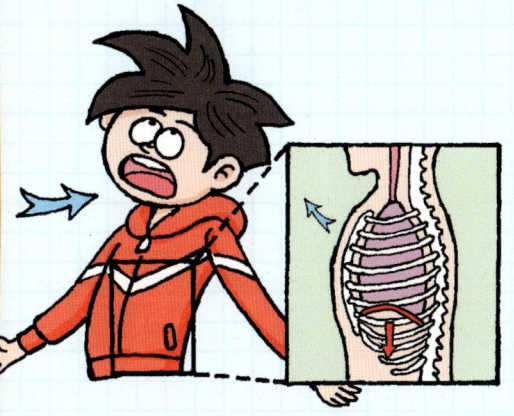

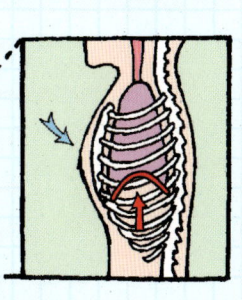

숨을 들이쉴 때
갈비뼈가 올라가고, 가로막은 내려간다.

숨을 내쉴 때
갈비뼈는 내려가고, 가로막은 올라간다.

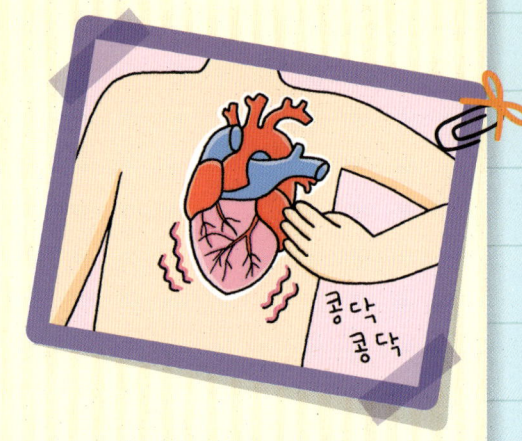

영웅이가 누군가에게 괴롭힘을 당한다니까 피가 거꾸로 솟는 것 같았어!

뭐? 어떻게 피가 거꾸로 솟냐고?

피, 즉 혈액은 심장에서 나와 온몸을 거쳐 다시 심장으로 돌아오는 (순환 과정)을 늘 반복하고 있어. 이건 심장이 펌프처럼 힘차게 혈액을 뿜어내기에 가능한 일이지. 그러니까 심장이 엄청 세게 펌프질을 하면 피가 거꾸로 솟을 수도 있지 않을까?

영웅이는 3일 동안 학교에 나오지 않았다. 아이들은 나제일이 지나갈 때면 뒤에서 수군거렸다. 나제일은 뭔가 할 말이 많은 얼굴이었지만, 매번 입술을 꽉 깨물며 그냥 지나갔다.

"소문 들었어?"

세찬이가 고양이 급식소에 방수 오일을 바르며 물었다.

"무슨 소문?"

수호가 자동 급식 기계를 시험해 보며 물었다. 타이머를 설정하자, 삐삐 하는 작은 음과 함께 물통처럼 생긴 기계의 중앙에 달린 뚜껑이 열리면서 사료가 쏟아졌다. 뚜껑은 정확히 5초 뒤에 다시 닫혔다.

"됐어! 역시 나란 아이는 숨기려 해도 이 재능을 숨길 수가 없군."

오두를 쓰다듬던 안느의 손이 순간 얼음이 되었다.

"참자, 고양이 급식소를 만들어 주는 고마운 친구잖아."

안느는 이렇게 중얼거렸다.

안느는 작은 가방 안에서 수첩을 꺼냈다. 수첩에는 오영웅에 대한 정보가 빼곡하게 적혀 있었다.

"이것 봐. 영웅이의 징크스는 피를 보면 다치는 거야. 언젠가 영웅이가 코를 심하게 파다가 코피가 난 적이 있대. 그날 아주 중요한 경기에서 넘어져 발목 인대가 늘어난 거야. 그 뒤로 코 파는 것도 싫어하고, 피도 무서워하게 되었대. 시합 날 아침엔 케첩도 안 먹을 정도래."
세찬이가 안느의 수첩을 들여다보며 감탄했다.
"우와~ 네가 공부를 이렇게 하면 좋을 텐데……. 근데 영웅이와 나도 공통점이 있군. 나도 피는 너무 무서워. 코피가 나면 기절할 것 같아."

수호가 고양이 급식소를 자전거에 실으며 말했다.

"피는 무서운 게 아니라 고마운 거야. 그렇게 생각하면 무섭지 않을걸? 피 속에는 영양소와 산소가 들어 있거든."

세찬이와 안느도 각자 자전거에 올라탔다.

아이들은 구불구불 이어진 자전거 도로를 따라 자전거를 움직였다. 제일 뒤에서 오던 수호가 소리쳤다.

안느가 둘의 대화에 고개를 절레절레 흔들더니 끼익, 하고 자전거를 멈췄다.

"저기가 좋겠다."

안느가 가리킨 곳은 공원 화장실 근처 쓰레기통이 있는 곳이었다.

안느가 앞장을 섰다. 세찬이와 수호는 궁금한 표정으로 뒤따라갔다.

공원 화장실 뒤편으로 돌아가자 빈터가 나왔다. 헙! 셋은 모두 입을 다물지 못했다. 나제일과 축구 부원 3명이 오영웅을 둘러싸고 있었다. 영웅이의 발목에는 붕대가 감겨 있었다. 나제일의 얼굴이 벌겋게 달아올라 있었다.

세찬이는 한쪽에 내동댕이쳐져 있는 비닐봉지를 주워 영웅이에게 내밀었다.

"자, 여기! 마트 다녀오는 길이었나 봐?"

영웅이는 세찬이가 내미는 봉지를 얼른 받았다.

"어…… 엄마 심부름. 그럼, 난 먼저 갈게."

안느는 영웅이가 사라져서 보이지 않을 때까지 오른쪽 가슴에 손을 올리고 지켜보고 있었다.

"내가 오영웅을 구하다니. 나, 아직까지 심장이 쿵쾅거려."

"나도 같이 구했거든. 그리고 심장은 왼쪽에 있어."

수호는 얼른 자전거에 올라 페달을 밟았다. 안느는 수호를 쫓아갔다.

"같이 가!"

세찬이도 힘껏 자전거 바퀴를 굴렸다. 떨어지는 벚꽃잎이 아이들의 머리를 스쳐 지나갔다.

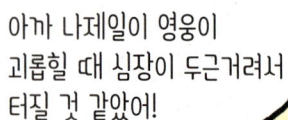

순환 기관

혈액은 혈관을 따라서 온몸을 이동하는데, 혈액의 이동에 관여하는 심장과 혈관을 순환 기관이라고 해. 아래를 봐. 혈관은 이렇게 우리 몸 곳곳에 퍼져 있어.

혈관
혈액은 혈관을 따라다니며 온몸 구석구석 영양소와 산소를 운반해. 혈액이 이동하는 길이 바로 혈관인 거야.

심장
펌프질을 해서 혈액이 온몸으로 퍼질 수 있게 해.

헉! 심장 멎는 줄.

영웅이는 안 돼!

멈칫

혈액이 심장에서 출발해 온몸을 돌고 다시 돌아오는 데 약 1분이 걸려.

오~ 아까 내가 영웅이 지켜 주던 명장면이잖아?

만약에 혈관이 막히면 어떻게 돼?

심장으로 가는 혈관이 막히면 심장 마비가 올 수도 있어.

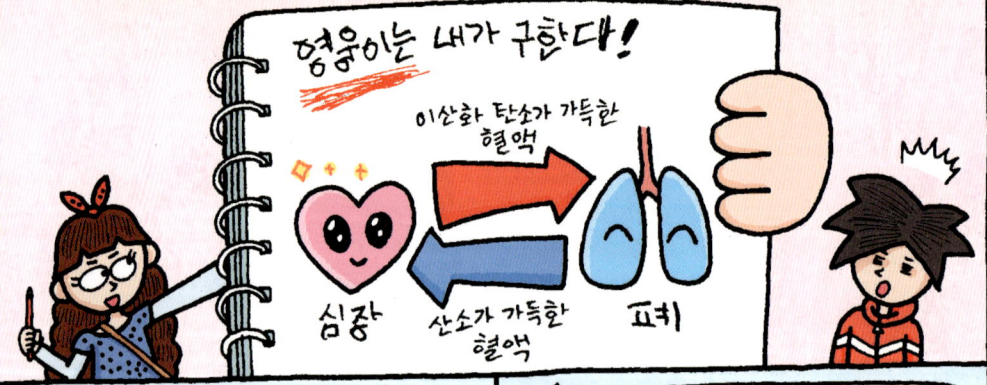

심장에서 나가는 산소가 가득한 혈액은 온몸을 돌면서 산소를 내주고 이산화 탄소를 가지고 다시 심장으로 돌아와.

참! 오늘 일 기록해 둬야지.

심장으로 돌아온 혈액은 어떻게 되는데?

요 내용도 적어 둘까?

심장은 이산화 탄소가 가득한 혈액을 폐로 보내. 그러면 폐는 혈액 속의 이산화 탄소를 산소로 바꿔 주지. 산소가 풍부해진 혈액은 다시 심장으로 돌아와서 온몸으로 내뿜어져.

심장은 왜 잠시도 안 쉬고 계속 뛰어?

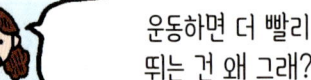

운동하면 더 빨리 뛰는 건 왜 그래?

심장이 멈추면 혈액도 혈관을 따라 못 돌고, 우리 몸은 산소를 얻지 못해 죽게 돼.

운동을 하면 우리 몸은 더 많은 영양소와 산소를 필요로 해. 그래서 심장이 더 빨리 뛰어서 혈액을 더 많이 내보내는 거야.

혈관에는 동맥과 정맥 외에 모세 혈관도 있어. 정맥과 동맥을 연결해 주는 아주아주 가는 혈관이지. 너무 가늘어서 눈으로는 잘 보이지 않아.

- 동맥
- 정맥
- 소동맥
- 모세 혈관
- 소정맥

내 피가 지구를 세 바퀴 돌려면 뛰어야 할 것 같아서.

몸속 혈관을 다 이으면 약 12만 km나 된대. 지구를 세 바퀴쯤 감을 수 있는 길이지.

갑자기 왜 뛰어?

아! 어디 세게 부딪치면 멍들잖아. 그거 혈관이 터진 거라며?

맞아. 모세 혈관이 터져서 피부 아래에 고인 게 멍이야. 아까 나제일이 안 멈췄으면 안 네 얼굴이 시퍼레졌을 거야.

맞아! 실수로 책상에 부딪쳤는데 멍든 적 있어.

퍽~ 꺅!

같이 가~!

멍들어도 좋아! 영웅이는 내가 지킨다!

LEVEL UP 우리 몸의 혈액이 무엇으로 이루어져 있는지 알고 싶으면, 160쪽 과학 레벨업 하기를 살펴봐!

겨드랑이가
배설 중이군….

'배설'이라고 하면 다들 부끄러워하지만

전~혀, 네버, 절대 그럴 필요가 없어.
오줌을 싸고 땀을 흘리는 건
아주 자연스러운 생리 현상이니까.
뭐? 땀을 흘리는 게 왜 배설이냐고?
똥 싸는 게 배설 아니냐고?
노노, 잘못 알고 있는 거야.
지금부터 그걸 알려 줄 테니 잘 들어 봐~.

"이거 무슨 줄이야?"

세찬이가 복도에 길게 늘어선 아이들에게 물었다.

"영웅이가 학교에 왔대. 선물도 주고, 응원 편지도 주려고 기다리는 거야."

'아, 그렇군.'

세찬이는 교실로 들어가려다가 이상한 예감에 기다리는 아이들을 훑어보았다. 안느와 수호가 줄의 중간쯤에 서 있었다.

"너희도 영웅이한테 선물 주려고?"

"난 선물은 준비 못했는데, 응원의 편지를 줄 거야. 어젯밤에 두 시간 동안 썼어."

응원의 편지?

영웅이가 내 마음을 받아 줄까?

수호가 주머니에서 두툼한 종이 뭉치를 꺼냈다.

안느는 하트 무늬가 있는 작은 종이봉투를 들고 있었다. 세찬이는 손가락으로 종이봉투를 가리켰다. 손가락 끝이 부들부들 떨렸다.

"그, 그거! 고양이 급식소 만들어 주면 나한테 주겠다고 약속한 산딸기 타르트지? 안느, 너 어떻게 이럴 수가 있어?"

안느는 종이봉투를 껴안았다.

"저리 가! 이건 영웅이 줄 거야."

흑흑, 세찬이가 눈물을 닦으며 뒤돌아섰다.

안느가 화장실로 급히 뛰어가는 수호를 보며 고개를 저었다.

"쟤는 왜 말을 꼭 저렇게 할까?"

"난 무슨 말인지 모르겠는 거 빼곤 괜찮은데, 왜?"

안느는 어이없다는 듯 세찬이를 쳐다보았다.

"아, 목말라!"

수호, 세찬, 안느는 운동장에 철퍼덕 주저앉았다. 방과 후에 축구 연습하느라 셋 다 얼굴에 땀이 송글송글 맺혀 있었다.

세찬이가 물병을 꺼내 벌컥벌컥 들이켰다. 안느가 세찬이에게 손을 내밀었지만 세찬이는 수호에게만 물병을 건넸다.

"영웅이한테 이제 별일 없겠지? 저번에 공원에서 있었던 일 때문에 걱정돼."

안느가 얼굴을 찡그리며 말했다.

"이번 주 토요일에 선발전이 있잖아. 그때까지 아무 일도 없었으면 좋겠다."

수호는 생각에 잠긴 듯 아무 말이 없었다.

이럴 줄 알았다. 나쁜 예감은 잘 빗나가지 않는다.

금요일 아침부터 학교가 떠들썩했다. 화장실 휴지통에서 작년에 영웅이가 받은 최우수 선수 트로피가 발견된 거다. 용쌤은 얼굴이 화난 용처럼 변하고 입에서는 불을 뿜었다고 한다. 나제일은 억울해서 못 견디겠다며 답답해했고, 영웅이는 충격을 받은 듯 얼굴이 하얘져서 조퇴를 했다.

"내일이 선발전인데 무슨 일이야, 대체."

"이건 영웅이를 못 나가게 하려는 음모야!"

안느가 또 울먹거렸다.

"이상해. 진짜 이상해."

수호는 아까부터 계속 이상하다는 말만 중얼거렸다.

"얘들아, 영웅이가 다리를 다쳤던 날, 무슨 일이 있었지?"

"그날 아침에 영웅이가 쓰는 로커에 누군가가 붉은 페인트칠을 해 놓았잖아."

"그래, 선수들에겐 저마다 징크스라는 게 있어. 영웅이는 붉은색 피를 무서워한다고 했어. 피처럼 보이는 그 글씨 때문에 그날 연습 경기를 망치고, 다리까지 다쳤지."

안느와 세찬이가 수호 가까이 다가갔다.

"만약, 내일도 그런 일이 일어난다면?"

"안 돼! 우리가 막아야 해!"

안느가 소리쳤다.

"영웅이는 내가 지킨다!"

"무슨 수로?"

"잠복근무!"

수호의 말에 세찬이가 몸을 부르르 떨었다.

"깜깜한 밤에 학교에 와서 지키자는 말이야? 난 못 해. 귀신이라도 나타나면 어떡해."

안느가 조용히 세찬이의 입을 막았다.

"난 찬성! 8시에 공원 입구에서 만나서 같이 움직이자. 세찬아, 산딸기 타르트 두 개, 어때?"

세찬이는 마지못해 고개를 끄덕였다.

정확히 8시, 셋은 공원 입구에 모였다.

"그건 뭐야?"

세찬이는 수호의 얼굴에 걸쳐진 선글라스를 가리켰다.

"이거 사람의 체온을 감지해서 어둠 속에서도 볼 수 있는 안경이야. 누가 요즘 촌스럽게 손전등 가지고 다녀?"

세찬이의 입이 떡 벌어졌다.

"그런 게 집에 있는 게 더 신기해. 너 가끔 많이 수상해."

뜨끔해진 수호는 안느와 세찬이의 등을 떠밀었다.

"어서 가자. 곧 용쌤이 퇴근할 시간이야."

아이들은 학교 뒷문의 낮은 철문을 넘어, 축구장 쪽으로 조심조심 걸어갔다. 셋은 축구부 선수실이 보이는 나무 벤치 뒤에 자리를 잡았다. 누군가 선수실로 들어가면 보이는 위치였다. 달이 밝아서 그렇게 깜깜하게 느껴지지 않아 다행이었다.

"계속 쪼그리고 있으니까 다리에 쥐 난다."

세찬이가 손가락에 침을 묻혀 코에 발랐다. 안느가 더럽다며 세찬이를 툭 쳤다.

"뭐가 더러워. 우리 할머니가 가르쳐 준 방법인데, 효과가 있어. 안 그러냐? 수호야."

세찬이가 수호를 쳐다보았다. 그런데 수호 표정이 심상치가 않았다.

 어둠 속에서 그림자 하나가 나타나, 축구부 선수실 쪽으로 거침없이 가고 있었다. 그림자는 세찬이보다 좀 더 큰 키에, 야구 모자를 쓰고, 배낭을 메고 있었다. 수호 말이 맞았다. 범인은 이 학교 학생이었던 거다.

 꿀꺽, 세찬이가 침을 삼켰다.

 "어떡하지? 수호가 올 때까지 기다려야 하나?"

 "기다리긴 뭘 기다려. 가서 잡자!"

 안느가 몸을 일으켜, 선수실 쪽으로 조심조심 다가갔다. 세찬이도 옆에 떨어진 나뭇가지를 하나 주워 들고 따라갔다.

 안느가 손전등을 비추며 소리쳤다.

"야! 너 나제일이지? 딱 걸렸어!"

야구 모자는 순간 손에 든 것을 바닥에 팽개치고 안느와 세찬이를 밀치고 달아났다. 둘은 그 힘에 못 이겨 뒤로 넘어졌다.

"야, 거기 서!"

야구 모자는 빠르게 축구장 쪽으로 달려갔다. 그때였다.

"으아아아아아~!"

괴성과 함께 누군가 야구 모자를 덮쳤다. 두 사람은 한동안 엎치락뒤치락했다. 세찬이와 안느가 달려가 둘을 떼어 놓았다.

안느가 손전등을 비췄다. 수호는 선글라스가 벗겨진 채, 범인의 다리를 잡고 있었다. 범인이 쓴 야구 모자는 훌러덩 벗겨졌고, 코에서는 한 줄기 코피가 흐르고 있었다.

순간, 세찬이와 안느는 꼼짝도 할 수 없었다.

"너, 너, 너는……!"

배설 기관

 우리 몸에서는 영양소가 만들어지기도 하지만 노폐물이 쌓이기도 해. 이 노폐물을 몸 밖으로 내보내는 걸 '배설'이라고 하고, 배설에 관여하는 기관을 '배설 기관'이라고 해.

배설 기관에는 콩팥, 수뇨관, 방광, 요도 등이 있어.

콩팥
혈액 속의 노폐물을 걸러서 오줌으로 만드는 일을 해. 좌우에 2개가 있어. 강낭콩처럼 생겼고, 주먹보다 조금 커.

방광
콩팥에서 만들어진 오줌을 보관하는 근육 주머니야. 오줌 속에는 물과 노폐물이 들어 있지.

수뇨관
콩팥과 방광을 연결하는 관이야.

요도
오줌이 몸 밖으로 나가는 길이야.

 털뭉치! 아무 데서나 쉬야 하면 안 돼!

 온몸을 돌면서 노폐물이 쌓인 혈액이 콩팥으로 운반되면 → 콩팥에서 노폐물이 걸러지고 ↓ 걸러진 노폐물이 방광에 모였다가 밖으로 나오는 거야. 이게 바로 오줌이지.

 참! 피부에도 배설 기관이 있는데, 혹시 알고 있었어?

 뭐? 내 이 꿀피부에 배설 기관이? 말도 안 돼!

 피부에는 배설 기관인 땀샘이 있어서 물과 노폐물을 땀으로 내보내.

 피부에서 오줌이 나오는 거나 마찬가지네? 오호~ 신기하다.

 흑~ 충격이야. 내 꿀피부에서 배설이 되다니….

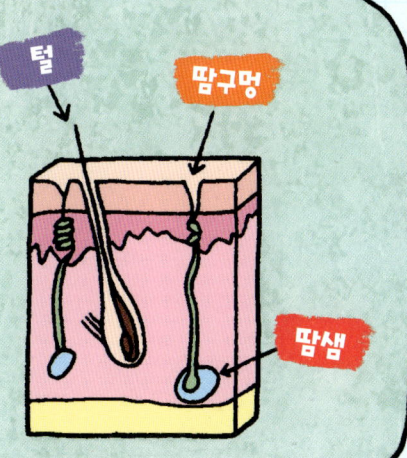

털 / 땀구멍 / 땀샘

피부가 하루에 내보내는 땀의 양은 대략 700~1000ml라고 해.

난 땀 안 흘리거든!

근데 진짜 땀을 흘리지 않으면 어떻게 돼?

땀은 체온을 조절하는 역할을 해. 땀이 날아가면서 피부를 식혀 주거든. 만약 땀이 안 나면, 몸속 열을 내보낼 수 없을 거야.

 더워!

 네 이놈들!

 꺄악! 할머니다. 땀나게 튀엇!

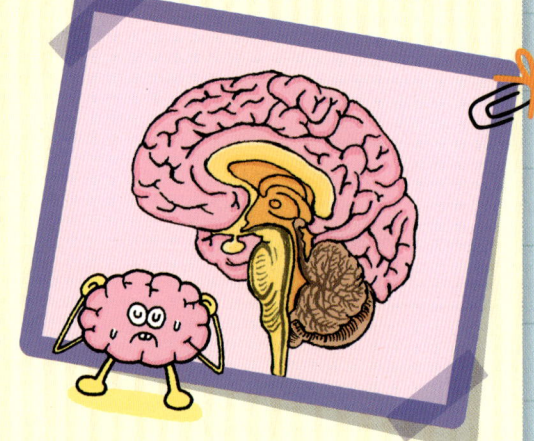

우리가 눈으로 귀로 코로 받아들인 자극들은 <u>뇌에 전달되고, 뇌가 명령을 내려 우리 몸을 움직이게 돼.</u>
이번 장에서는 그 과정을 살펴볼거야. 이것만 잘 들으면, 드디어 우리 몸에 대해 웬만한 건 다 공부한 셈이야.
그럼, 마지막 이야기를 들으러 가 볼까?

우리에게 꿈이 있다면

• 뇌, 신경계 •

"우리, 이래도 되나?"

세찬이가 걱정되는 얼굴로 물었다.

"영웅이가 그러고 싶다잖아. 난 무조건 영웅이 편이야."

안느가 확신에 찬 얼굴로 말했다.

"지금쯤 학교에서 난리 났겠다. 용쌤이 또 불 뿜고 계실 테지. 오영웅이 유소년 국가 대표 선발전을 포기하다니……."

"난 오영웅이 왜 이런 선택을 했는지 이해해. 사람들의 기대에 맞추려다 보면, 점점 나는 사라지는 기분이 들거든."

수호가 몇 번이나 고개를 끄덕였다.

"너, 영웅이에 대해 다 아는 것처럼 말하는 거 기분 별로야. 그런데 어떻게 영웅이가 범인이라고 생각한 거야?"

수호가 어깨를 으쓱했다.

"뭐, 너무 쉬워서 추리라고 하기에도 민망하군."

세찬이가 수호의 손을 덥석 잡았다.

"수호야, 너 진짜 천재…… 그 천재……."

수호의 눈에 당황하는 빛이 어렸다.

'이런, 정체가 탄로 났나? 천재 소년이란 말은 이제 그만 듣고 싶은데.'

"천재…… 탐정 코난 좋아하는구나? 나도! '범인은 바로 너야!' 할 때, 너무 짜릿하지 않아?"

휴~ 수호는 안도의 숨을 내쉬었다.

"얘들아!"

저 멀리서 오영웅이 손을 흔들며 다가왔다. 영웅이는 환하게 웃고 있었다.

"너희가 같이 가 준다고 해서 정말 다행이야. 나 혼자 갈 생각을 하니 너무 떨렸거든."
안느가 영웅이 옆으로 다가섰다.
"당연히 가야지. 네가 간다면."
수호도 얼른 영웅이의 오른쪽에 붙었다.
"난 오래전부터 너의 팬이었어."
세찬이가 고개를 절레절레 흔들었다.
"정말 이래도 되는지 모르겠다."
영웅이가 세찬이를 보며 걱정 말라는 듯 눈을 찡긋했다.
"우리 할아버지가 늘 말씀하셨거든. 머리가 아니라 가슴이 시키는 일을 해라. 난 가슴이 시키는 일을 하러 가는 거야."

"저기다!"

안느가 손가락으로 커다란 전광판을 가리켰다.

대기실에는 수많은 아이들이 있었다. 대부분 부모님과 함께 온 아이들이었다. 노래 연습을 하거나, 종이를 보고 가사를 외우거나, 춤 연습을 하는 아이들로 대기실은 무척 시끄러웠다. 영웅이와 아이들도 한쪽으로 가서 자리를 잡았다.

"영웅아, 그런데 네 꿈이 트로트 가수였어?"

아아아~ 목을 풀던 영웅이가 고개를 끄덕였다.

"우리 할아버지가 트로트를 좋아하시거든. 나도 어렸을 때부터 노래 부르는 걸 좋아했어."

대기실을 둘러보던 세찬이가 말했다.

"와~ 가수가 되고 싶어 하는 아이들이 이렇게 많다니! 영웅아, 너도 국가 대표를 포기할 만큼 가수가 되고 싶은 거야?"

영웅이의 얼굴이 살짝 일그러졌다.

"난 아주 어릴 때부터 축구만 했어. 축구 말고는 해 본 게 없어. 모두들 나는 유명한 축구 선수가 되어서 성공할 거래. 그런데 난 아직 어리잖아. 해 보고 싶은 게 너무 많아."

수호가 그 마음 안다는 듯, 고개를 끄덕였다.

"시작한다."

안느가 대기실 한쪽에 있는 커다란 모니터를 가리켰다. 대기실에서 모니터로 다른 참가자들의 오디션 상황을 볼 수 있었다.

영웅이의 번호는 47번이었다. 놀랄 만큼 노래를 잘하는 참가자도 있었고, 노래보다는 입담이 더 뛰어난 참가자도 있었다. 영웅이는 순서가 가까워질수록 떨리는 눈치였다. 손에 땀이 나는지 연신 바지에 손바닥을 문질렀다.

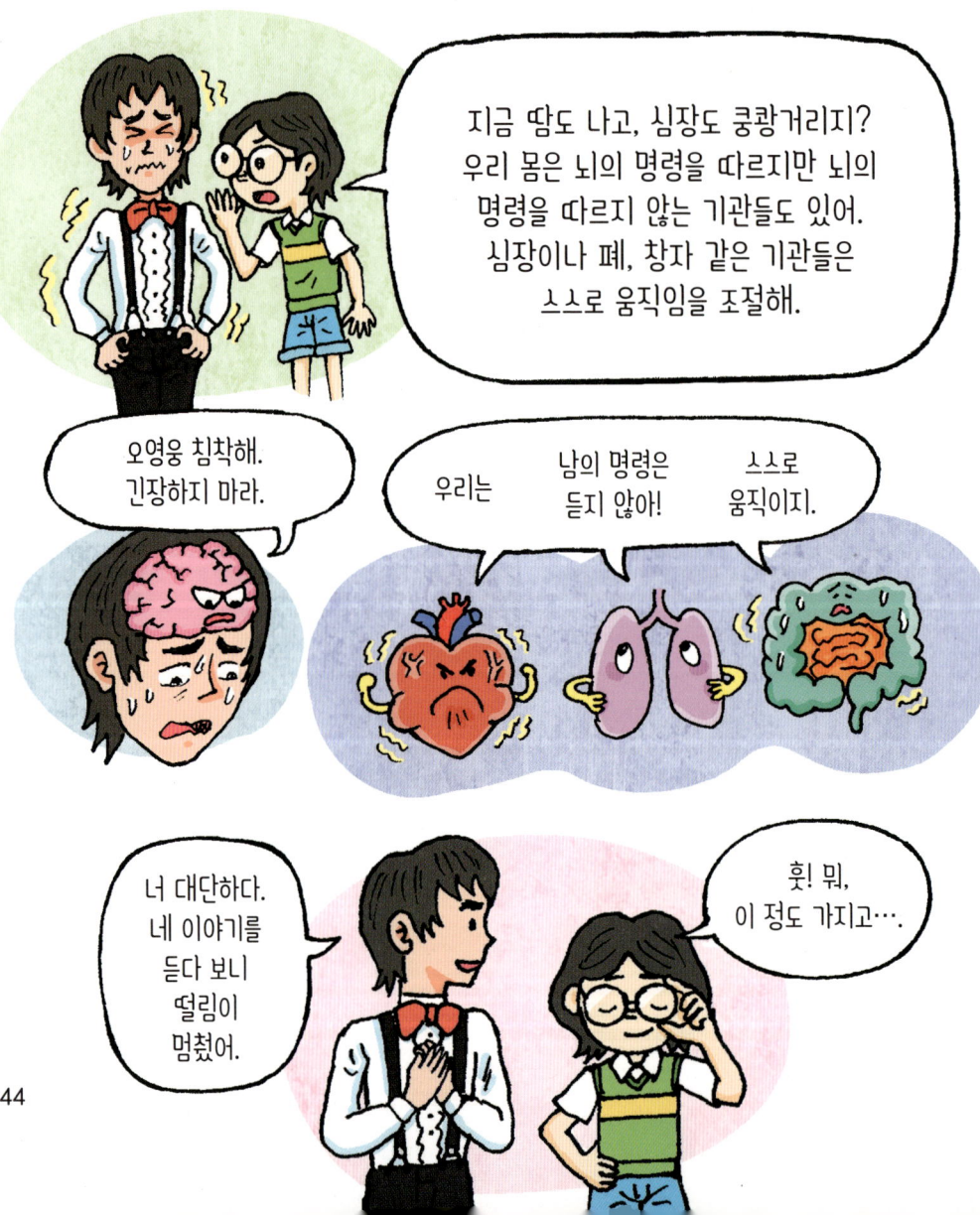

　드디어 영웅이 차례가 되었다. 영웅이가 오디션 장소로 들어가자, 셋은 모니터 앞으로 달려갔다. 안느는 두 손을 마주 잡고, 기도하는 자세로 모니터를 뚫어져라 쳐다보았다.
　모니터 속 영웅이가 밝은 얼굴로 자기소개를 했다. 심사 위원 중 한 명은 오영웅에게 아는 체를 했다. 대기실에서도 작은 술렁임이 일었다. 드디어 노래가 시작되었다.
　"쿵짝 쿵짝 쿵짜작 쿵짝, 니가 기쁘으~을 때~."
　수호, 안느, 세찬은 그 자리에서 입을 벌린 채 돌이 되었다.
　"그래, 꼭 노래를 잘하는 사람만 가수의 꿈을 꿀 수 있는 건 아니니까. 그렇지?"

오영웅은 오디션에서 떨어질 게 분명했다. 노래 첫 소절만 듣고도 알 수 있었다. 유치한 속임수를 써서 모두를 속이고, 유소년 국가 대표 선발전을 포기할 만큼 소중한 꿈이었는데…….

하지만 오디션장을 나오는 영웅이의 얼굴은 비 그친 오후 햇살처럼 맑았다.

며칠 뒤, 수호와 안느, 세찬이는 축구장 한쪽에 앉아서 축구부가 연습하는 걸 지켜보았다.

"영웅이가 다시 축구를 해서 다행이야."

안느는 오디션이 있던 그날 밤, 오영웅이 축구를 하지 않고 노래를 계속하면 팬클럽에서 탈퇴해야 하나 진지하게 고민했다.

"맞아. 역시 축구할 때 제일 멋있는 거 같아."

"나제일과 사이도 좋아졌군. 서로 주고받는 패스를 보니."

아이들 말에 따르면, 오영웅이 축구부에 와서 용쌤과 아이들에게 진심으로 사과를 했다고 한다. 특히 나제일에게는 무릎을 꿇으라면 꿇겠다고까지 말했다고 했다. 용쌤은 영웅이에게 한 달간 축구 연습 후 뒷정리와 선수실 청소를 시켰다.

"나, 초등학생이 되길 잘한 것 같아."

"넌 가끔 이상한 말을 하더라."

수호의 말에 세찬이가 의아한 눈길로 수호를 바라보았다.

"어, 조심해!"

영웅이가 찬 공이 아이들 쪽으로 날아왔다. 안느와 세찬이는 재빨리 옆으로 몸을 피했다.

텅! 축구공은 수호의 이마를 맞힌 뒤, 통통 튕겨 나갔다.

"수호야, 수호야, 괜찮아?"

세찬이가 뒤로 벌러덩 넘어진 수호를 흔들어 댔다. 수호는 세찬이와 안느를 보며 씨익 웃었다. 학교 위로 펼쳐진 파란 하늘이 참 예쁘다고 생각했다.

수호의  Memo

명령을 내리는 뇌

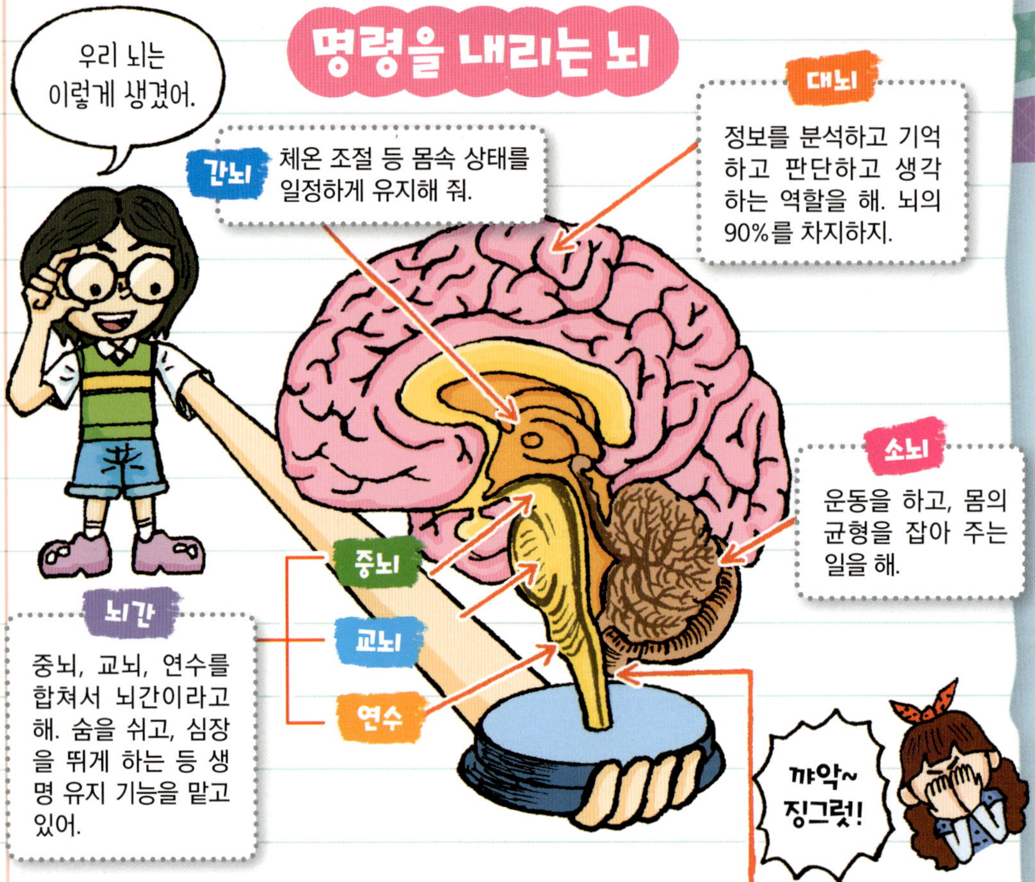

"우리 뇌는 이렇게 생겼어."

간뇌 — 체온 조절 등 몸속 상태를 일정하게 유지해 줘.

대뇌 — 정보를 분석하고 기억하고 판단하고 생각하는 역할을 해. 뇌의 90%를 차지하지.

소뇌 — 운동을 하고, 몸의 균형을 잡아 주는 일을 해.

뇌간 — 중뇌, 교뇌, 연수를 합쳐서 뇌간이라고 해. 숨을 쉬고, 심장을 뛰게 하는 등 생명 유지 기능을 맡고 있어.

- 중뇌
- 교뇌
- 연수

"꺄악~ 징그럿!"

척수 — 뇌 아래에 척추를 따라 있는 신경으로, 뇌와 몸이 신호를 주고받는 길이야. 때로 뇌까지 가기 전에 척수가 명령을 내릴 때도 있어.

"너를 위한 장미야."

"앗 따가워!"

"뇌까지 자극을 전달할 시간이 없어. 바로 근육을 움직여 손가락을 떼게 해!"

신경계와 신경 세포

우리 1장에서 눈, 코, 입 같은 감각 기관에 대해서 배웠지? 감각 기관이 수집한 정보를 뇌로 전달하면, 뇌가 판단한 뒤 운동 기관에 명령을 내린다고 말한 거 기억나?

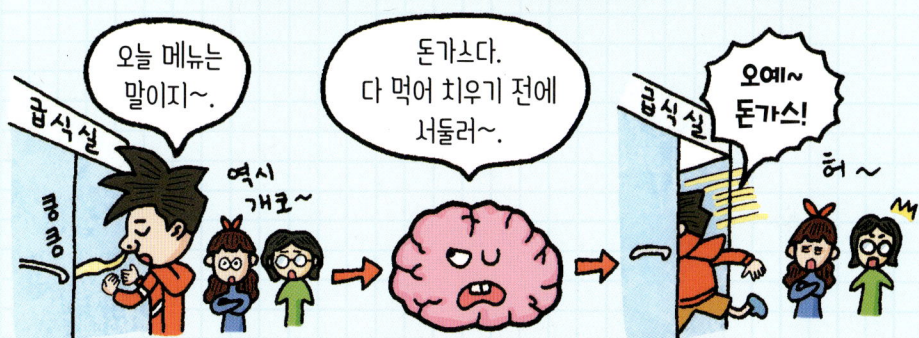

이때 감각 기관이 받아들인 정보를 빠르게 전달하고, 이를 처리하는 게 바로 신경계야.

알았어. 신경계! 그러니까 가까이 오지 마~.

감각 기관과 신경계는 단짝이구나?

신경계는 전달된 자극을 해석하고 그에 맞는 명령을 운동 기관에 내려서 몸을 움직이게 하지. 좀비를 예로 들어 볼까?

신경계는 온몸에 퍼져 있는데, 크게 말초 신경계와 중추 신경계로 구성되어 있어.

신경계

중추 신경계
정보를 통합해서 판단하는 신경계로, 뇌와 척수를 말해.

말초 신경계
몸 전체에 퍼져 있는 감각 신경과 운동 신경을 말해. 감각 기관에서 받은 정보를 중추 신경계에 전달하고 중추 신경계의 명령을 전달하지.

아~아~♪ 내 나이가 어때서~

오~ 영웅 등장!

뉴런이라고 부르는 신경 세포야. 신경은 이 수많은 신경 세포로 이루어져 있어.

가지 돌기
신호를 받는 곳이야.

축삭 돌기
신호를 내보내는 곳이야.

시냅스
뉴런끼리 만나는 부위로, 시냅스를 통해 정보가 전달돼.

외계 생물 같아.

근육

이제 다 끝난 줄 알았지?

아직 하나가 더 남았어!

바로 '과학 레벨업 하기!'

여기까지 정복하면, 어디서든 우리 몸에 관한

과학 지식을 뽐낼 수 있을 거야.

그럼, 진짜 마지막 이야기, 시작한다!

눈은 어떻게 사물을 볼까?

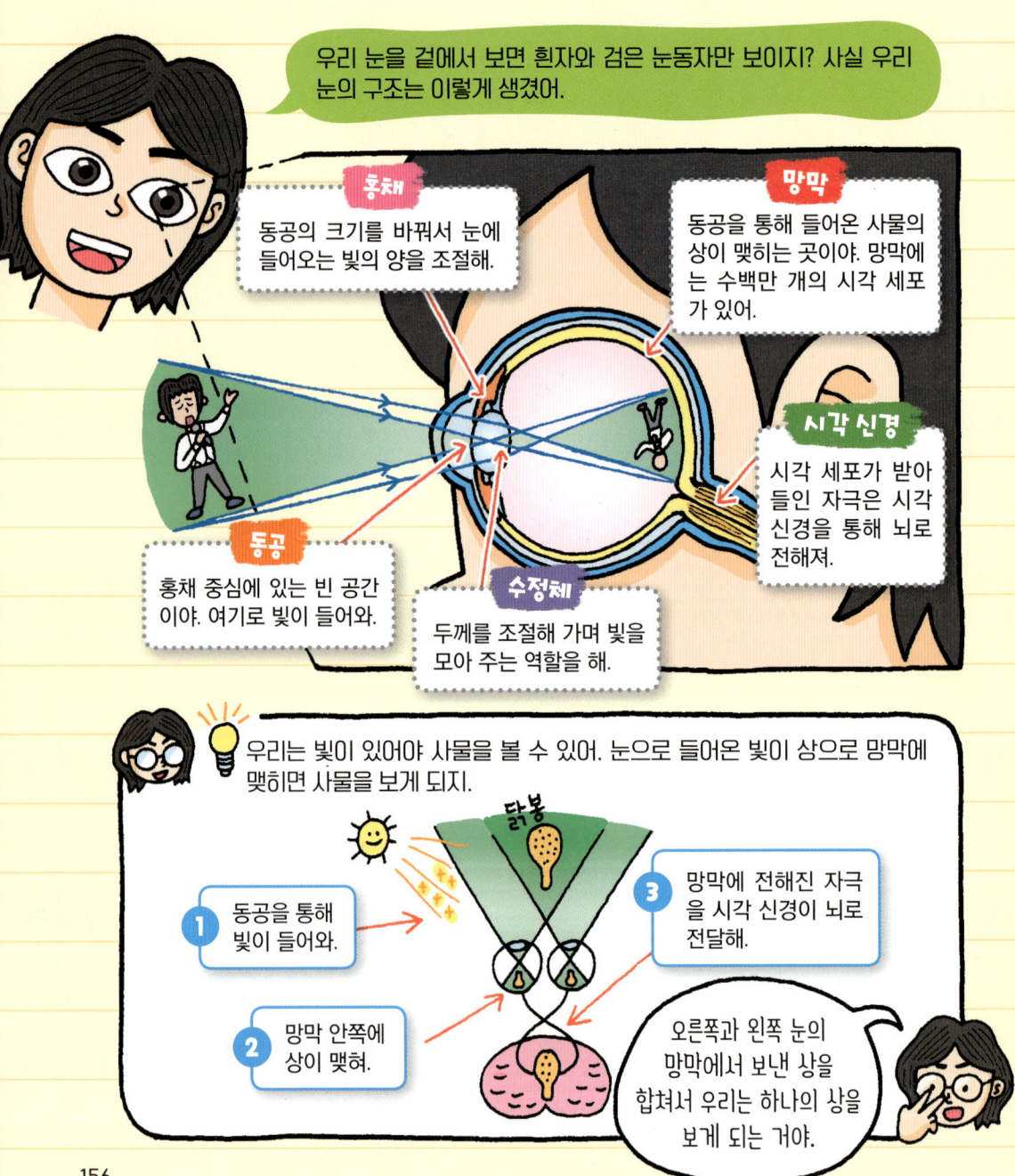

귀는 어떻게 소리를 들을까?

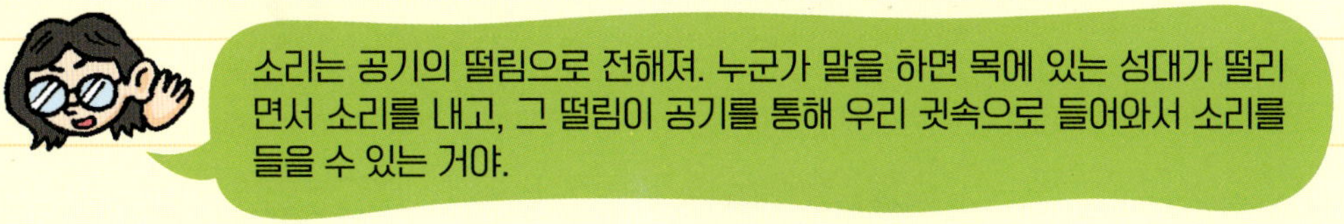

소리는 공기의 떨림으로 전해져. 누군가 말을 하면 목에 있는 성대가 떨리면서 소리를 내고, 그 떨림이 공기를 통해 우리 귓속으로 들어와서 소리를 들을 수 있는 거야.

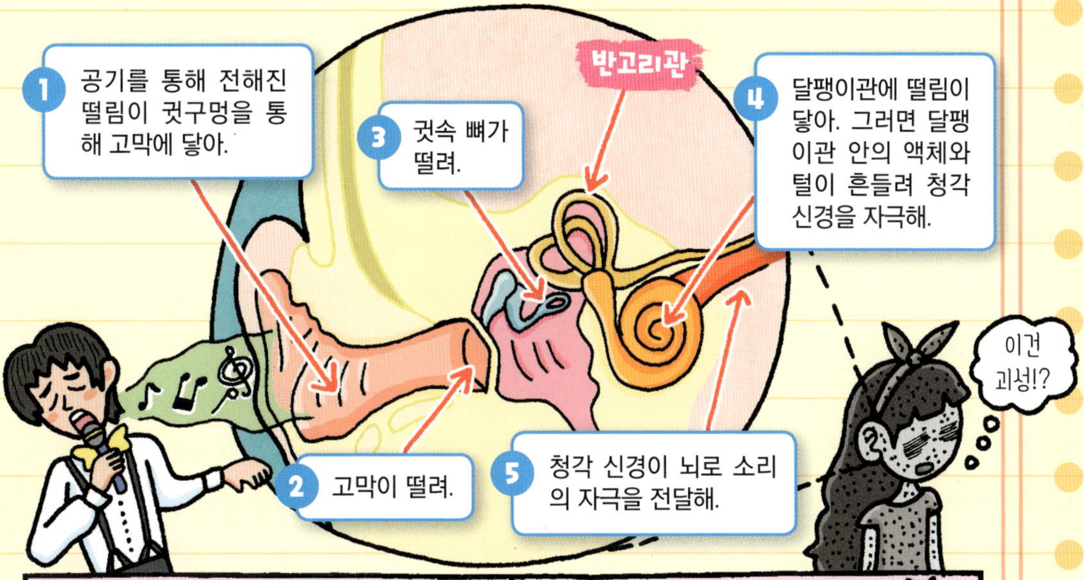

1. 공기를 통해 전해진 떨림이 귓구멍을 통해 고막에 닿아.
2. 고막이 떨려.
3. 귓속 뼈가 떨려.
4. 달팽이관에 떨림이 닿아. 그러면 달팽이관 안의 액체와 털이 흔들려 청각 신경을 자극해.
5. 청각 신경이 뇌로 소리의 자극을 전달해.

반고리관

이건 괴성!?

참! 귀는 우리 몸의 평형 감각도 담당해.

균형 잡는 거 말이지?

맞아. 반고리관 안에는 림프액이 들어 있는데, 몸을 움직이면 림프액도 움직여. 림프액의 움직임으로 몸이 회전하거나 기울어지는 걸 알 수 있지.

귓속에 물 같은 게 출렁거린다니 느낌이 이상해.

뱅글뱅글 돌다 멈추면 한동안 어지럽지? 그건 몸은 멈춰도 림프액은 계속 돌기 때문이야.

어질 어질

오호~ 그렇구나!

맛은 어떻게 느낄까?

우리는 혀로 음식 맛을 느낄 수 있어. 단맛, 짠맛, 쓴맛, 신맛, 감칠맛 등을 느낄 수 있지. 매운맛은 맛이 아니라 혀가 통증을 느끼는 거야.

혀 표면에 좁쌀 같은 게 오돌토돌 돋아 있는데, 이걸 유두라고 해. 유두의 미뢰가 맛을 느끼는 거야.

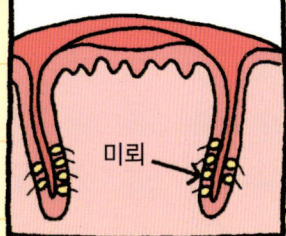

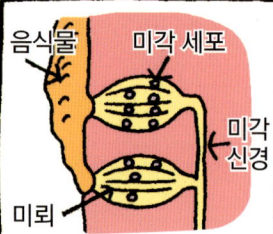
미뢰에 음식물이 닿으면, 미각 세포가 자극을 받고 이것이 미각 신경을 통해 뇌에 전달돼.

냄새는 어떻게 맡을까?

코로는 숨도 쉬지만 냄새도 맡아. 작은 콧속 안에는 비강이라는 꽤 넓은 공간이 있고, 그 위쪽에 후각 세포가 있어.

1 콧속으로 냄새가 들어가면 후각 세포를 감싸고 있는 끈끈한 점액 물질에 녹아 들어.

2 후각 세포에는 아주 가는 털들이 있는데, 점액 물질에 녹아 든 냄새 입자가 이 털들과 결합해.

3 그러면 후각 세포가 자극을 받고, 이 자극이 후각 신경을 통해 뇌로 전달되는 거야.

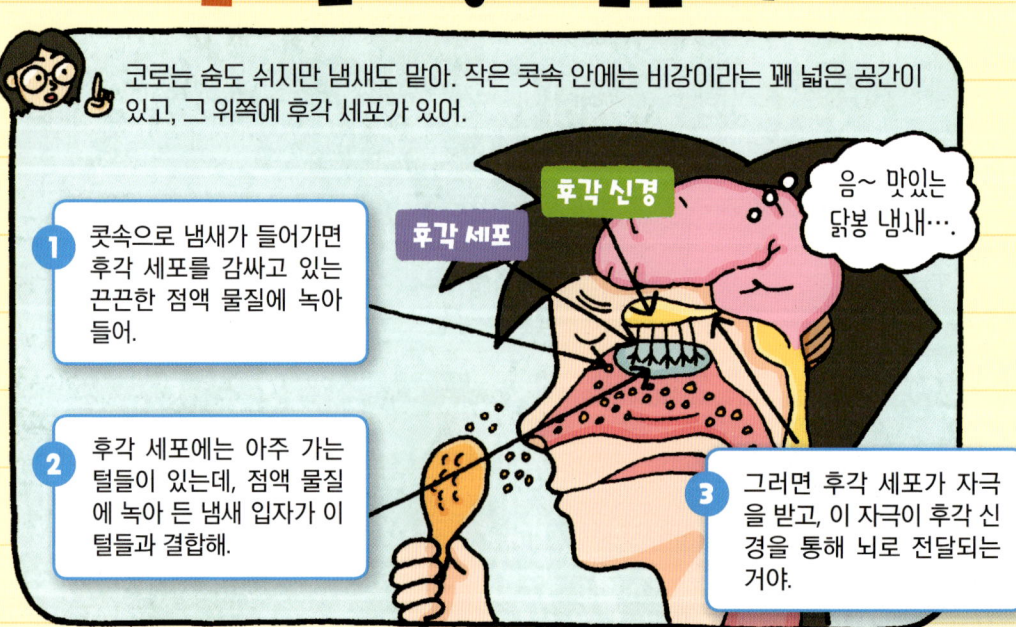

운동할 때 우리 몸에 어떤 일이 일어날까?

77쪽에 이어서~

우리가 몸을 움직일 때 운동 기관인 뼈와 근육이 필요하다고 했지? 하지만 사실 온몸의 다양한 기관들이 협력해야 제대로 움직일 수가 있어.

감각 기관
보고, 듣고, 냄새 맡는 등 주변 자극을 받아들여.

운동 기관
영양소와 산소를 이용해 뼈와 근육을 움직여.

순환 기관
운동을 하려면 평소보다 더 많은 영양소와 산소가 필요해. 평소보다 심장이 더 빨리 뛰어.

소화 기관
영양소를 흡수해서 우리 몸을 움직일 수 있는 에너지를 만들어 줘.

호흡 기관
신선한 산소를 들이키기 위해 호흡이 빨라져. 산소를 받아들이고, 이산화 탄소를 몸 밖으로 내보내.

배설 기관
몸에서 생겨난 노폐물을 밖으로 내보내. 운동을 하면 체온이 올라가는데, 몸을 식히기 위해 땀이 나기도 해.

꺄악! 방에서 축구 연습 하지 말라고!

LEVEL UP 2

오~ 레벌업!

기억나. 땀은 배설, 똥은 배출!